美国小学主流科学教材

【美】杰伊·哈克特 等 著
张 俊 邓小耶 等 译
郝京华 审定

天气和太空 5

Weather and Space

浙江教育出版社·杭州

本版特色

- 兼顾授受式学习内容和探究式调查活动。
- 采用5E（Engage参与，Explore探究，Explain解释，Extend/Elaborate拓展，Evaluate评估）研究型教学模式。
- 增加工程和设计版块。
- 培养21世纪技能，如创新创造能力、协作能力、沟通能力、批判性思维与解决问题的能力等。
- 用个性化的生动图像激发学生的学习兴趣。
- 根据知识深度等级体系（Depth of Knowledge，简称DOK）设计评价和测试。

注：原版书中，A单元、B单元表示该内容属于生命科学领域，C单元、D单元表示该内容属于地球与空间科学领域，E单元、F单元表示该内容属于物质科学领域。中文版对此予以保留。

Program Authors

Dr. Jay K. Hackett
Professor Emeritus of Earth Sciences
University of Northern Colorado
Greeley, CO

Dr. Richard H. Moyer
Professor of Science Education and Natural Sciences
University of Michigan-Dearborn
Dearborn, MI

Dr. JoAnne Vasquez
Elementary Science Education Consultant
NSTA Past President
Member, National Science Board and NASA Education Board

Mulugheta Teferi, M.A.
Principal, Gateway Middle
School Center of Math, Science, and Technology
St. Louis Public Schools
St. Louis, MO

Dinah Zike, M.Ed.
Dinah Might Adventures LP
San Antonio, TX

Kathryn LeRoy, M.S.
Chief Officer
Curriculum Services
Duval County Schools, FL

Dr. Dorothy J. T. Terman
Science Curriculum Development Consultant
Former K-12 Science and Mathematics Coordinator
Irvine Unified School District, CA
Irvine, CA

Dr. Gerald F. Wheeler
Executive Director
National Science Teachers Association

Bank Street College of Education
New York, NY

Contributing Authors

Dr. Sally Ride
Sally Ride Science
San Diego, CA

Lucille Villegas Barrera, M.Ed.
Elementary Science Supervisor
Houston Independent School District
Houston, TX

American Museum of Natural History
New York, NY

Contributing Writer

Ellen C. Grace, M.S.
Consultant
Albuquerque, NM

RFB&D learning through listening **Students with print disabilities may be eligible to obtain an accessible, audio version of the pupil edition of this textbook. Please call Recording for the Blind & Dyslexic at 1-800-221-4792 for complete information.**

STEM McGraw-Hill is committed to providing instructional materials in Science, Technology, Engineering, and Mathematics (STEM) that give all students a solid foundation, one that prepares them for college and careers in the 21st century.

FOLDABLES® is a trademark of The McGraw-Hill Companies, Inc.

Send all inquiries to:
McGraw-Hill Education
8787 Orion Place
Columbus, OH 43240

ISBN: 978-0-02-135626-3
MHID: 0-02-135626-2

Printed in the United States of America.

2 3 4 5 6 7 8 9 10 QVS 18 17 16 15 14 13

The American Museum of Natural History in New York City is one of the world's preeminent scientific, educational, and cultural institutions, with a global mission to explore and interpret human cultures and the natural world through scientific research, education, and exhibitions. Each year the Museum welcomes around 4 million visitors, including 500,000 schoolchildren in organized field trips. It provides professional development activities for thousands of teachers; hundreds of public programs that serve audiences ranging from preschoolers to seniors; and an array of learning and teaching resources for use in homes, schools, and community-based settings. Visit www.amnh.org for online resources.

译 序

一套好教材欲保持其生命力的重要举措就是要不断地与时俱进，要随着社会的变迁、学术的进步不断地吐故纳新。浙江教育出版社引进出版的《科学启蒙(第二版)》就是这样的一部好教材。

比较这套教材的两个版本，不难发现，第一版显然依据的是1996年美国颁布的科学教育标准。1996年的科学教育标准有三个重要特点：(1)明确科学教育的目标是培养所有学生的科学素养（美国曾经有过把培养科学家作为科学教育培养目标的历史）；(2)强调要把科学本身的实际做法，即科学探究也作为科学教育的内容；(3)将科学课程的内容按“生命科学、物质科学、地球与空间科学”三个领域加以划分。第一版的《科学启蒙》较好地落实了课程标准的这些理念。

第二版依据的是美国2013年颁布的《新一代科学教育标准（NGSS）》。和1996年课程标准相比，2013年的标准有三个显著变化。(1)将科学探究扩充为“科学与工程实践”，明显强化了运用科学概念解决实际问题能力的培养。(2)强调科学大概念。标准提出了判断大概念的4个原则：①具有学科的意义，具有跨越多个学科领域的广泛的重要性，或者是本学科中组织相关知识的关键概念；②具有解释力，能解释许多现象；③具有生成性，能为理解和探究更多的概念和解决问题提供关键的工具，与社会、家庭相关；④能从幼儿园到高中螺旋上升。(3)强调了学科间的融合，不仅是科学、技术、工程、数学的融合，还有科学、语文、数学的融合。

第二版的《科学启蒙》教材真的是在与时俱进。首先，它在继续强调科学探究的同时，大大强化了工程设计部分，不仅在各领域各章节中增加了运用相关知识解决实际问题的机会，还在“做一名科学家”版块增添了有关工程设计的“聚焦技能”。第二，在强调科学大概念方面，教材不仅在各章节都有科学大概念的明确标示，还在各章结尾之处增加了科学概念和技能的测评。第三，在学科融合方面，教材不仅强化了科学阅读（包括文和图）和科学写作的指导，还强化了数学意识和能力的培养。

《科学启蒙》这套教材还有一个突出的亮点就是它精彩的图片。大量有视觉冲击力的照片和灵动的排版为教材增色不少，让人爱不释手。

它山之石，可以攻玉。中国正在进行着课程改革，也正在努力地缩短与发达国家在教育上的差距，引进国外好的教材不失为一种有效的捷径。不同的群体都可以从《科学启蒙》这套教材中获益。它为教材编写者提供了一个如何将内容与活动结合的范例，它给予科学教师教学活动设计的启迪，它为语文老师提供了如何指导学生科学阅读和科学写作的策略，就连出版社也可以从中获得科学教材排版方面的启示。除此，作为一套学生科学阅读的材料，它也是一个不错的选择。

只有站在巨人的肩膀上我们才可以实现弯道超车，才可以追赶上发达国家，才可以实现伟大的中国梦！国家如此，科学教育亦然，让我们共同努力！

小学科学课程标准研制组组长、修订组副组长 郝京华
南京师范大学教科院教授

目 录

Contents

做一名科学家

D 单元　天气和太空

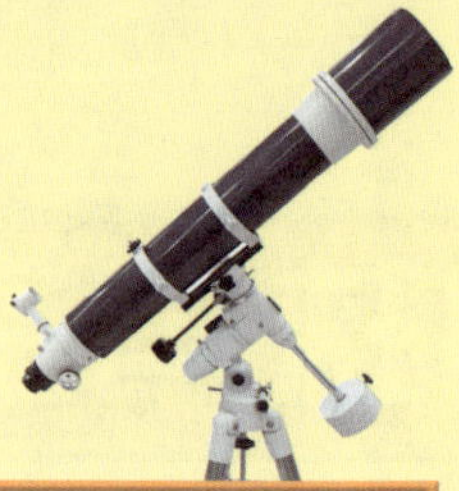

第2章

探究活动

做一名科学家

只有雌蚊子才会吸血。

科学方法

看一看，想一想

蚊子会传播许多疾病。在天气炎热的季节，它们会把卵产在如图所示的这种池塘里。想一想，像蚊子这类令人讨厌的昆虫对人们的生活有什么影响？疾病还有哪些传播途径？

探究活动

你对疾病了解多少?

人类为什么会生病?其他动物也会生病吗?人类和其他动物可能都会得哪些疾病?科学家是怎样研究疾病的?

生物学家对自然界里的生物都很好奇。莉莉安娜·达沃洛斯和苏珊·帕金斯都是生物学家,她们在纽约市的美国自然历史博物馆工作。在实验室里,她们通过显微镜观察和分析生物细胞来研究生物体。

莉莉安娜·达沃洛斯

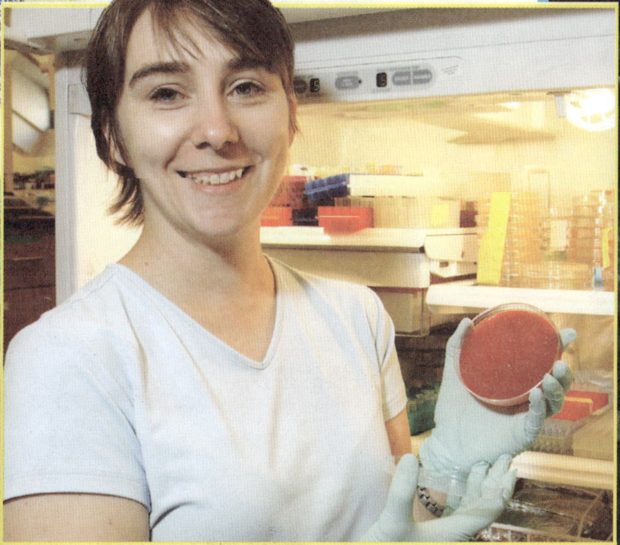

苏珊·帕金斯

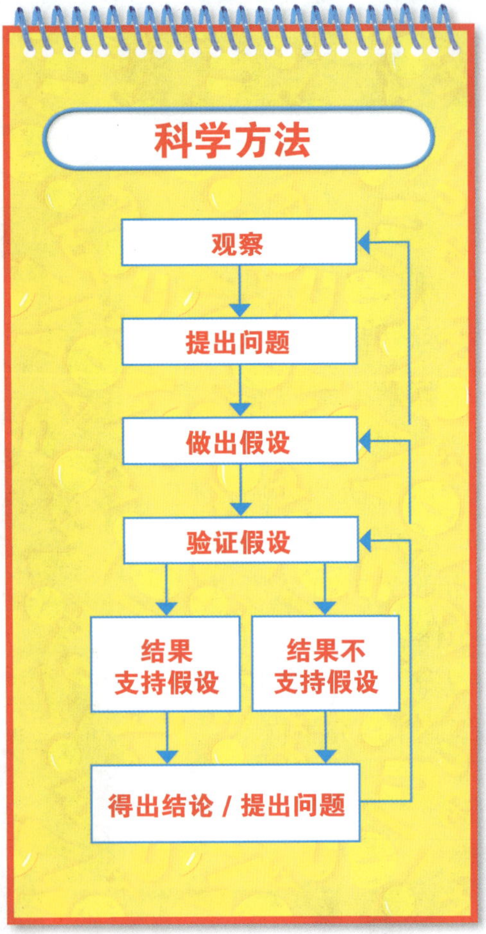

科学家是怎样工作的?

疟疾是一种可能致命的疾病，世界上每年因疟疾死亡的人数超过 100 万。疟疾是由疟原虫感染红细胞引起的一种疾病。疟原虫是一类需要寄生在宿主体内或身上才能生存的生物。

科学家研究疟疾已经很多年了，人类并不是唯一会感染疟疾的生物，鸟类、蜥蜴和一些哺乳动物也会感染疟疾。目前，科学家正在研究不同动物体内的疟疾。苏珊·帕金斯解释道："我们对引起疟疾的生物了解得越多，我们治疗疟疾的手段就会越多、越有效。"

她和莉莉安娜·达沃洛斯运用科学方法来了解更多有关疟原虫的知识。科学方法是指科学家研究和解决问题的过程。运用这种方法，科学家就能解释自然界中事物的发展规律。

篱蜥会染上由沙蝇传播的疟疾。

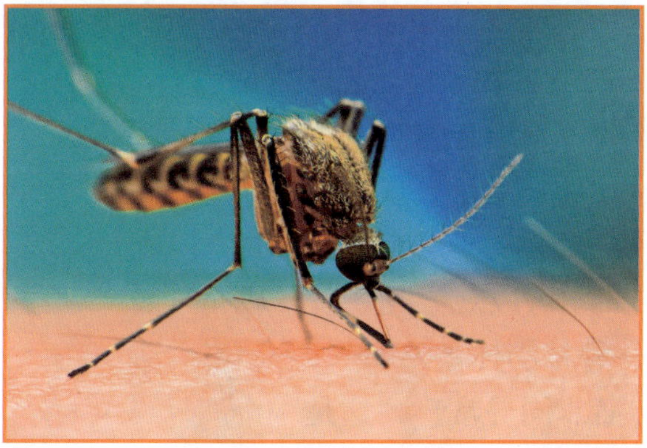

雌蚊子在产卵前需要通过吸血来“饱餐”一顿。

做出假设

1. 提出多个问题。
2. 寻找重要变量之间的联系。
3. 对这些联系提出可能的解释。

▶ **确保这些解释能够被检验。**

当然，科学家并不总是一成不变地按照图示科学方法的步骤做研究，但他们必须确保自己和其他科学家能够重复之前的探究过程。因为只有这样，其他科学家才能检验他们的研究结果是否正确。

苏珊和其他科学家都知道：有些蚊子体内含有会引发疟疾的疟原虫，人类一旦被这些蚊子叮咬，就会感染疟疾。他们还注意到，蜥蜴被携带疟原虫的沙蝇叮咬后也会感染疟疾。

苏珊提出一个问题：“在不同生物体间传播的疟疾，作用在不同宿主体内的机制是否相同呢？”她做了一个预测：蜥蜴和沙蝇体内的疟原虫的细胞结构与科学家之前在蚊子和人体内观察到的疟原虫的细胞结构相似。当然，这只是苏珊的假设。

苏珊的假设包含多种变量。自变量是指研究者主动操控而发生变化的因素或条件，因变量是指会随着自变量的变化而变化的因素或条件，常量是指未被测试且保持不变的因素或条件。在苏珊的研究中，自变量是物种的类型，因变量是疟原虫细胞中的基因。

科学家怎样验证他们的假设？

科学家在研究疟原虫的某些基因时，发现了一个有趣的现象：这些基因具有控制核糖体产生的指令。核糖体是细胞内制造蛋白质的“工厂”。

大多数多细胞生物的细胞内只有一种核糖体，但是有些疟原虫有两种核糖体。当疟原虫寄生在蚊子体内时，可以观察到一种核糖体；一旦疟原虫进入人体，就会观察到另一种核糖体。

这就使得疟疾在蚊子和人体之间的传播非同寻常！“这是一个有趣的现象，”苏珊观察后提出问题，“我们在其他动物身上也能发现类似的现象吗？”

苏珊假设蜥蜴和沙蝇体内的疟原虫与人类和蚊子体内的疟原虫具有相似模式的核糖体。但是，她需要拿出证据来证明她的假设。证据可以是科学家通过不同途径收集到的数据。

疟原虫的传播途径

阶段❶ 一只感染疟疾的蚊子叮咬了一个健康的人。

阶段❷ 疟原虫进入人体肝脏，继而繁殖出更多疟原虫。

阶段❸ 疟原虫感染了人体内的红细胞，繁殖出更多疟原虫，并蔓延至全身。

阶段❹ 一只未受疟疾感染的蚊子叮咬了一个感染疟疾的人，该蚊子也被传染。

阶段❺ 这只被人体感染疟疾的蚊子也能将疟疾传播给其他人。

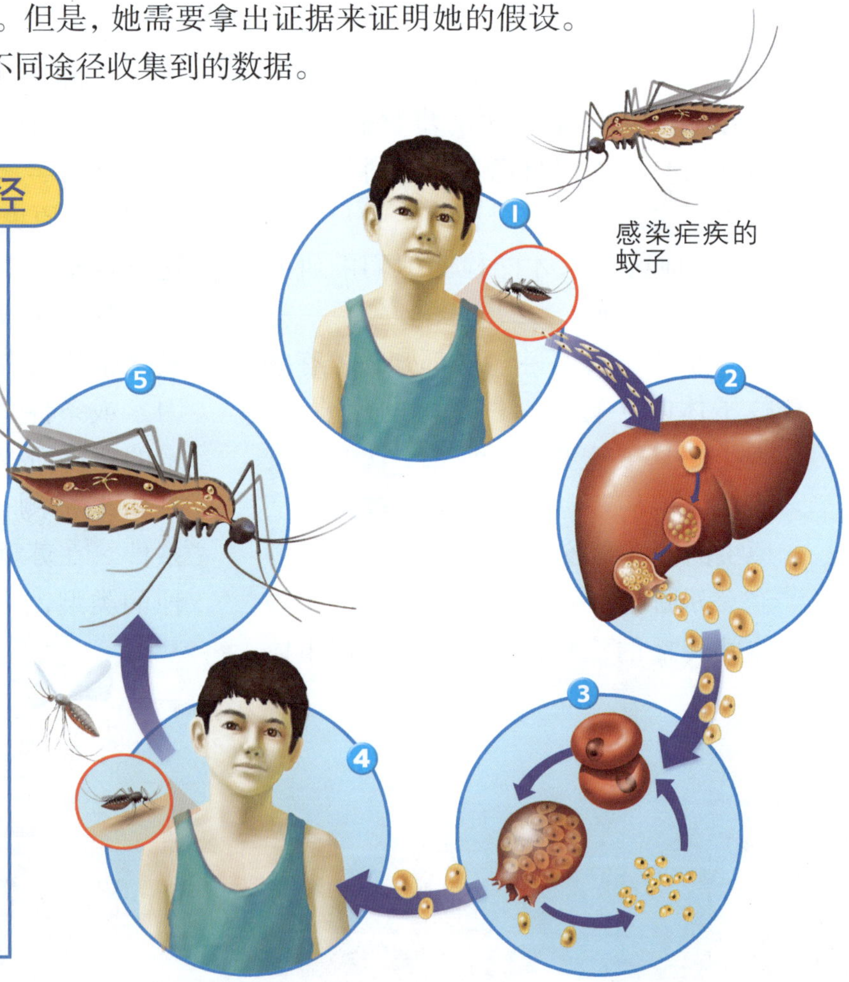

为了验证自己的假设，苏珊决定去美国的加利福尼亚州寻找证据。篱蜥在加利福尼亚州很常见，也很容易捕捉。苏珊采集了篱蜥的两份血液样本。她在显微镜下观察其中一份血液样本，看看其中是否有疟原虫，以此判断该篱蜥是否感染疟疾。如果这只篱蜥感染了疟疾，她会继续用第二份样本来观察疟原虫的基因。

回到实验室后，莉莉安娜帮助苏珊一起分析她采集到的血液样本。她们从篱蜥的血液中提取了疟原虫的基因，然后将这些基因与其他宿主体内疟原虫的基因进行比较。同时，她们还使用高清显微镜和计算机来检测疟原虫。

验证假设

1. 认真思考这些不同来源的数据，其中哪些可以用来验证假设。
2. 选择最有效的途径来收集数据。
   - **完成实验**（在实验室里）
   - **观察真实环境**（在野外）
   - **建立和使用模型**（在电脑上）
3. 制订可以收集这些数据的实验计划。

▶ **确保根据这些操作步骤，其他人也能重复这项实验。**

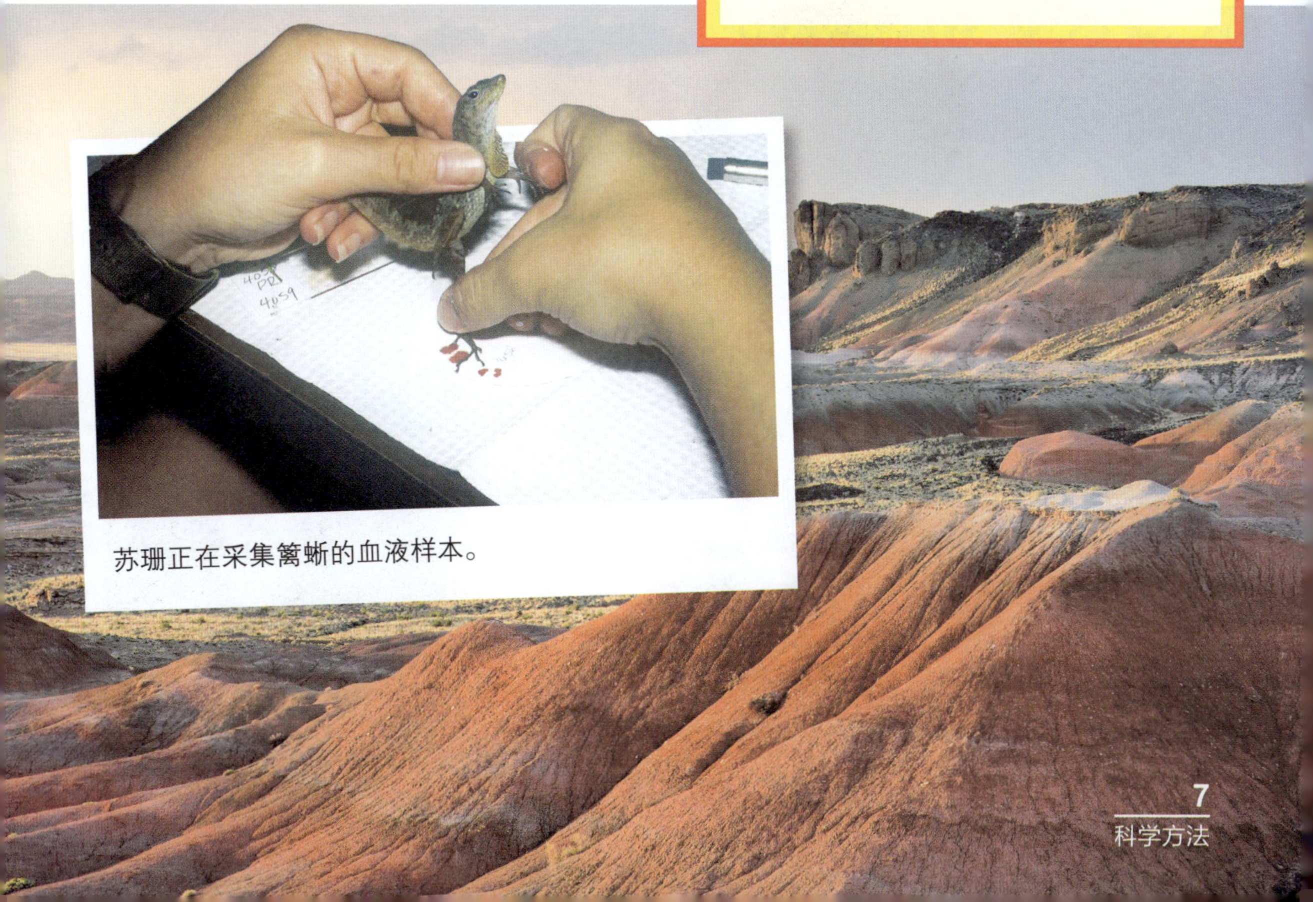

苏珊正在采集篱蜥的血液样本。

科学家怎样分析数据?

要想验证假设，其中一部分工作就是要整理收集到的数据，并从中寻找规律。苏珊和莉莉安娜不仅从篱蜥体内采集到了疟原虫的基因，还从啮齿动物体内收集到了疟原虫的基因。和人类及其他哺乳动物一样，啮齿动物也会因为被蚊虫叮咬而感染疟疾。

由于单个基因太小，无法直接观察，所以科学家会利用一种特殊的化学工艺来复制它们。然后，他们再将复制后的基因注入一片凝胶中。

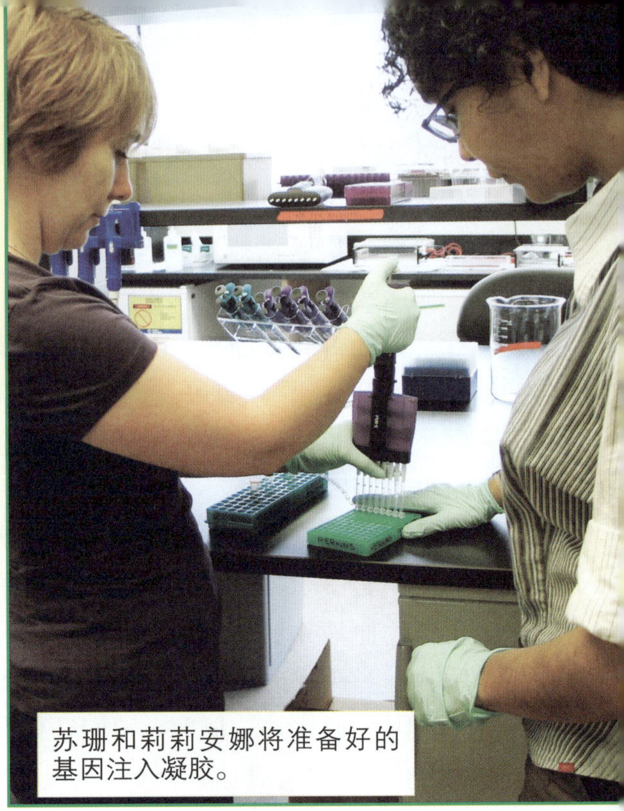

苏珊和莉莉安娜将准备好的基因注入凝胶。

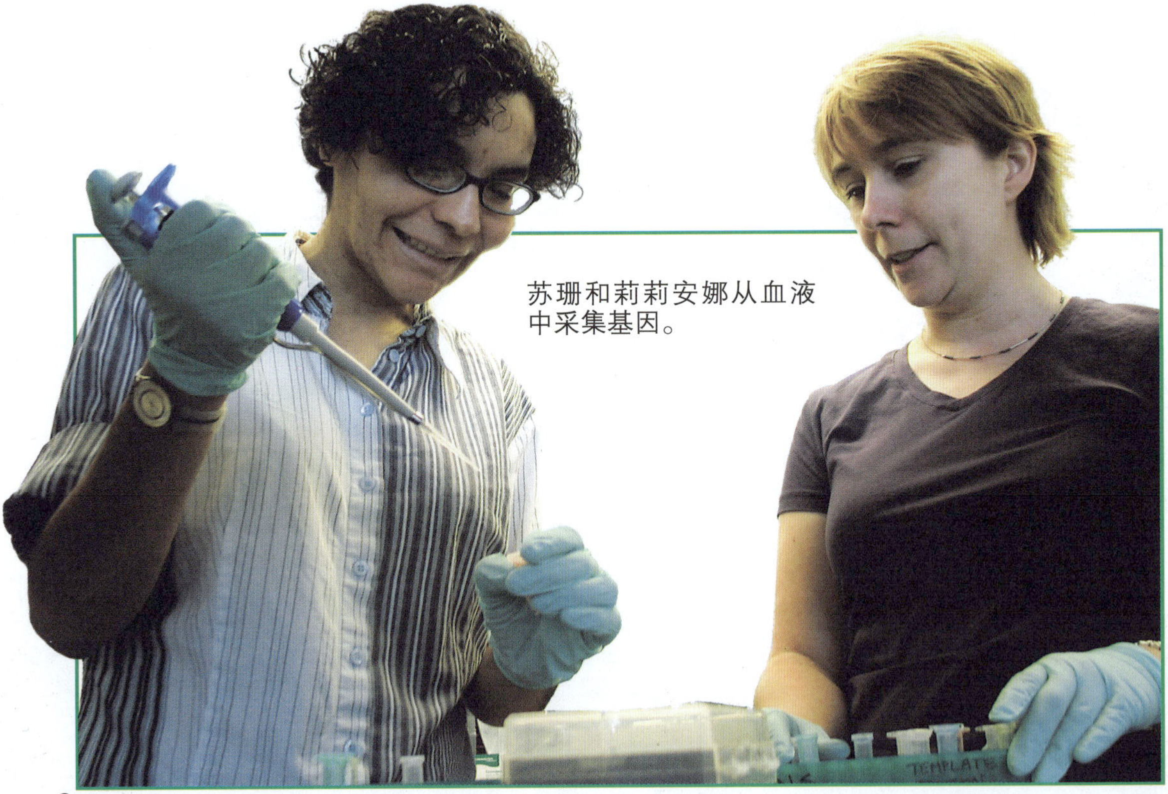

苏珊和莉莉安娜从血液中采集基因。

莉莉安娜正在检验凝胶中的基因样本，确定它们的模式。

分析数据

1. 把数据整理成统计图、表，或者示意图、地图等。
2. 寻找数据的变化规律。这些规律能反映假设中测试的自变量是如何影响因变量的。

▶ **将所得数据与其他来源的数据进行比较，检验数据。**

这种凝胶上有不同大小的气孔。这些气孔会根据基因大小将基因分离成片段，这样，基因片段就会在凝胶上形成条带。

科学家可以根据这些条带中呈现的规律来比较不同的基因。“这是一件精细活，可能要花几个星期才能完成。”莉莉安娜说道。

苏珊和莉莉安娜发现，篱蜥体内所有疟原虫的基因都具有相同的模式，这是感染篱蜥的疟原虫只有一种核糖体的证据。

但是，在啮齿动物体内采集的疟原虫基因，却表现出了与篱蜥体内的疟原虫基因不同的模式。这证明感染不同生物的疟原虫有不同种类的核糖体。

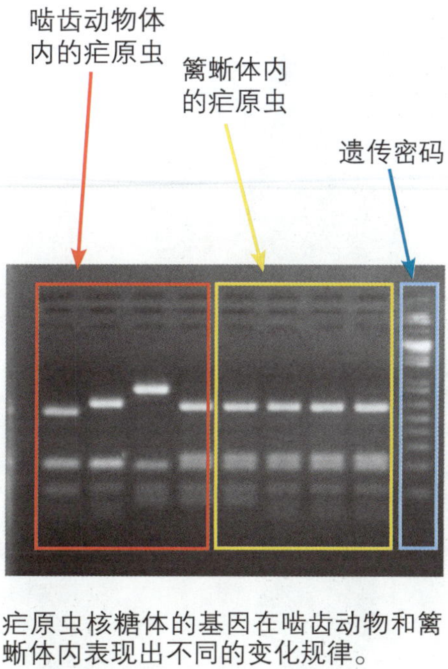

疟原虫核糖体的基因在啮齿动物和篱蜥体内表现出不同的变化规律。

科学家怎样得出结论?

现在，苏珊和莉莉安娜要分析她们的证据是否支持之前的假设。疟原虫在不同的生物种群之间传播时，是否表现出相同的模式？不，它们的表现模式不一样！证据表明，感染啮齿动物的疟原虫有两种核糖体，而感染爬行动物篱蜥的疟原虫只有一种核糖体。

苏珊和莉莉安娜的研究结果并不支持她们的假设。“我们原以为所有疟原虫都会表现得跟人体内的疟原虫一样，但实验结果却不是这样。”莉莉安娜说道。

苏珊和莉莉安娜准备继续研究新问题。

在科学研究中，验证一个假设成立或者不成立都很有价值——事实上，证明某个假设不成立往往更有意义！苏珊和莉莉安娜仔细检查了她们的数据和操作步骤，并做了详细的记录。这样，其他研究疟疾的科学家就可以从她们的研究中得到启发。

她们的研究结果为生物学家提出了新的问题：疟原虫感染人类和其他哺乳动物的方式是独一无二的吗？为什么这些寄生虫有不同种类的核糖体？这个结果对研究治疗这种疾病的新方法有什么帮助？这些新的问题都很重要，因为它们会带来新的假设。

得出结论

1. 判断数据能否清楚地支持假设。
2. 如果数据不能确切支持假设，就要重新审视检验假设的过程，并制订一个新的实验计划。
3. 写下结论，并与他人分享。

▶ **一定要提出新的问题。**

她们接下来要研究的动物可能是印度的鹿、马达加斯加的狐猴、智利的企鹅。

莉莉安娜在野外继续研究疟原虫。

科学技能

科学家在运用科学方法时，会使用许多技能。这些技能可以帮助科学家收集信息，并帮助他们回答关于我们周围世界的一些问题。以下是他们常用的一些技能。

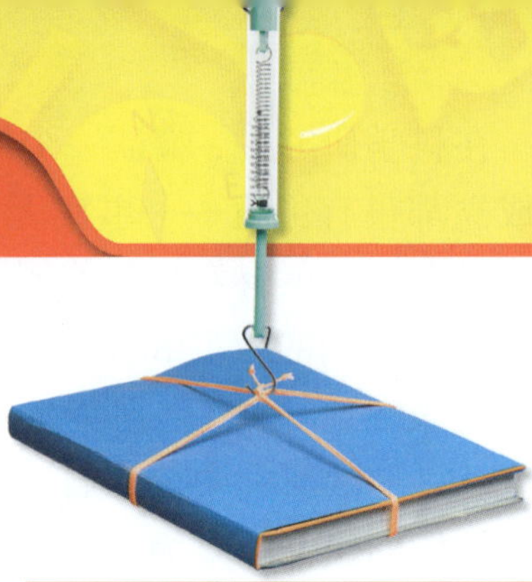

用弹簧测力计测量物体的重量。

观察　运用感官来了解一个物品或一个事件。

做出假设　做出一个能够被检验的、能回答某个问题的陈述。

交流　和他人分享信息。

分类　将事物根据其相似属性分组。

处理数据　用排序，计数，加、减、乘、除等方法来整理和解释数据。

建立模型　针对某种错综复杂的事物或过程而设计的一种代表物。

用表格组织和解释数据。

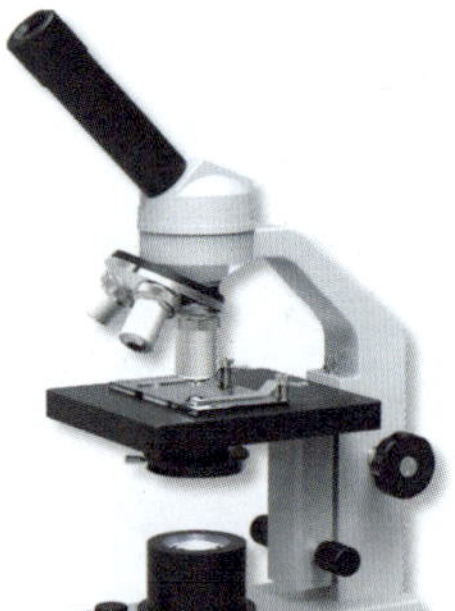

用显微镜观察微小事物。

科学家通过记录观察结果来与其他科学家进行交流。

科学家通过实验来验证假设。

使用变量 明确某些可以控制或能改变实验结果的因素。

解释数据 利用收集到的信息来回答问题或解决问题。

测量 确定事物的大小、距离、时间、体积、面积、质量、重量或温度等。

预测 设想事件或实验的可能结果。

推理 根据事实或观察结果，合理地推断出一个想法或观点。

实验 用来验证或反驳假设的一系列测试过程。

探究技能培养

在本书的每章，都有一组探究技能训练。这些栏目可以帮助你培养成为科学家所需要的技能。

科学家用模型来解释事物的发生过程。

聚焦技能

科学和技术：设计过程

你有没有想过，周围的各种产品是怎么制造出来的？许多产品能帮助我们解决生活中的某个问题。例如，与步行相比，汽车能让我们更便捷地从一个地方到达另一个地方。许多这样的产品都是从一个想法开始的，这个想法逐渐完善，最终发展成一种产品。在将想法变成产品的过程中，工程师会使用一系列被称为**设计过程（design process）**的步骤。

▶ 学习

设计过程的第一步是先设想某个问题可能的解决方案并绘制草图。然后，选择其中一个解决方案，尝试、设计或构建一个模型。

在构建模型后，你需要测试你设计的模型。通过测试，你可以了解产品能否达到预期的效果。在设计过程的测试阶段，还需要收集数据。在测试设计过程中，要不断提出问题：这个想法可行吗？有什么需要继续改进的地方？这个产品还能做得更好或更简单一些吗？

▶ 尝试

地球表面的大部分地方被水覆盖，而这些水大部分都是咸水。许多生物，包括人类在内的生存都离不开淡水。咸水可以变成淡水吗？请设计一个装置，要求这个装置能从咸水中分离出可饮用的淡水。

材 料 咸水、碗、塑料杯、保鲜膜、漏斗、塑料管、过滤纸、塑料瓶、量筒以及其他你认为需要的物品。

1. 想一想哪些设计方案能够从咸水中分离出淡水，将你的想法写下来，并进行比较。选择其中一个设计方案，并根据本页所示的表格将它画出来。
2. 组装你设计的装置。你能用这个装置得到淡水吗？如果能，盐去哪里了？测量你获得的淡水量。

▶ 应用

1. 比较你的设计和其他同学的设计。分析彼此的装置各有什么优缺点，并相互提出改进意见。将同学的建议记录在你的表格中。
2. 改进设备以获取更多淡水。重复上述实验过程，你能获得更多淡水吗？
3. 看看其他同学的设计，哪些设计亮点能够帮助你获取更多的淡水？你能把其他同学的设计亮点应用到自己的装置上吗？汇报你的结论。讨论这样的装置对人类和其他生物的影响。

	设计图	淡水量（mL）	建议
第一次设计			
第二次设计			

安全提示

室内

- 阅读所有操作指南，确保你已经完全理解。看见“△小心！”标志时，务必要谨慎。
- 请认真听从老师强调的安全守则。如果你有不懂的地方，应及时向老师寻求帮助。

- 活动开始前，用肥皂或洗手液洗手。
- 使用电热板时要小心，特别要注意它的开关状态。记住，电热板电源关闭后，还会保持数分钟的热度。
- 如果你在做实验时需要使用一些脏乱或容易溅出的材料，请记得穿上实验服。

- 如果有液体不慎溅出，请立刻清理或寻求老师的帮助。
- 请按照老师的要求处理废弃物。
- 如果有器材损坏，应该立即报告老师。如果打碎了玻璃制品，不要自行清理，应报告老师，获取帮助。

- 根据老师的要求戴上护目镜。实验操作时，可能会用到一些固体或液体，为防止它们飞溅到眼睛里，请一定要戴上护目镜。
- 把头发绑好，把袖子挽起来，确保你的头发和衣服远离明火。
- 使用电器设备时，要确保手是干燥的。
- 实验过程中禁止饮食。
- 请按照老师的要求，把实验器材和设备放回原处。
- 活动结束后，将实验场所清理干净并用肥皂或洗手液洗手。

室外

- 户外活动时找一位可信任的成年人陪同，可以是老师、父母或其他监护人。
- 没有得到成年人的允许，请不要随意触摸动植物。因为有些动物可能会咬人，有些植物可能有毒。

责任 **请尊重生命、尊重他人、爱护环境。**

D 单元

天气和太空

喷气流的力量大到能推动后方的另一架飞机。

科学和工程

实践：设计解决方案

科学和技术在许多方面都是相互支持的。科学解释了自然界的运作规律，这些解释可以帮助人们开发新技术或改进旧技术。而这些新技术又可以促进我们更好地了解自然界。

我们对自然界的认识主要依赖于我们观察周围事物的能力。当事物太小或太远，用眼睛无法直接看见时，我们可以利用技术手段来帮助自己。比如，显微镜和放大镜能帮助我们看到微小的物体，望远镜能帮助我们看到遥远的物体。在这个活动中，你将探究怎样借助技术手段来观察仅凭肉眼无法看到的物体。

▶ 理解问题

仔细观察可以让我们认识和了解物体的属性。有些物体很小，我们无法用肉眼直接观察它们，这时候，我们可以借助透镜。透镜可以由玻璃制成，也可以用透明的塑料或其他物质代替。假设你要数一批微小的物体，但是身边没有透镜，你该怎么办呢？其实，你可以用水来做一个透镜模型！

▶ 建立模型

1. 剪一张 10 厘米长、3 厘米宽的硬纸板。用打孔机在纸板中心打一个洞，在洞上贴一片透明胶带。
2. 在洞口的胶带上面用滴管滴一滴大水珠。
3. 把这个模型放在一张浅色的杂志照片上。通过这个模型看到的图像与你用肉眼直接看到的图像有什么不同？有什么证据能证明你看到的照片受到了水滴的影响？通过透镜，你能看到哪些肉眼看不到的物体？

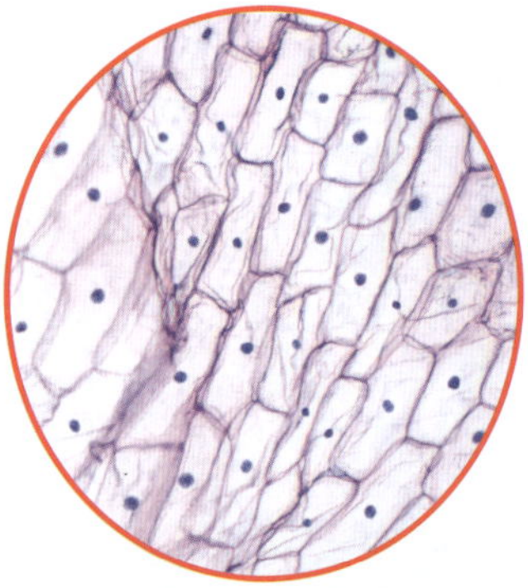

▲ 科学家会用显微镜观察类似细胞这样的微小物体。

我们还可以用其他材料来制作水透镜。

4 △小心！ 在透明的一次性塑料杯中小心地切下一小片塑料。

5 握住塑料片，尽量将它展平。小心地在塑料片上滴几滴水，直到塑料片的中心出现一颗圆圆的大水珠。

6 这颗水珠也可以起到放大镜的效果。这两个模型，哪一个能将微小物体看得更清楚？哪一个对观察微小物体更有帮助？

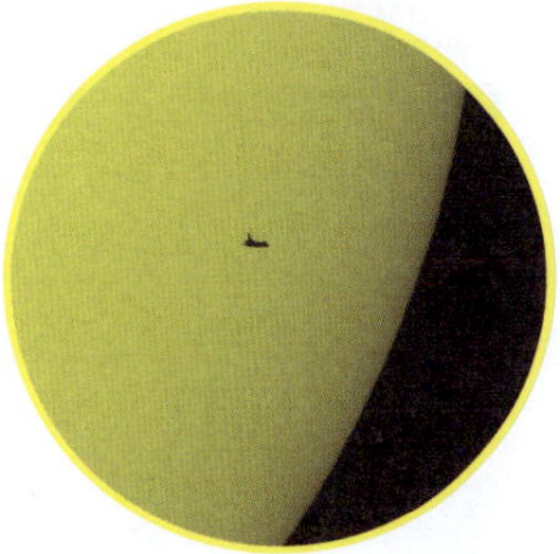

▲ 用你的“水透镜”观察这张图片，图中的黑点是一架在太阳前面飞过的航天飞机。

▶ 设计

借助透镜我们可以学到许多知识。布是我们每天都能看到的物品，但我们通常很少去研究它是由什么材料制成的。利用你在本活动中所学到的知识，制作一个水透镜设备，并用它来观察一块布料的材质。

我们说水透镜是一个很好的设计，因为它使用的材料非常简单。但是使用水透镜时，可能会遇到哪些问题呢？你能设计出一种没有这些问题的水透镜吗？通过透镜，你对布料有了哪些更深的认识？

▶ 思考技术的作用

有的天文望远镜利用透镜和可见光来让我们看见遥远的物体，还有一些望远镜的工作原理则全然不同：有些利用镜子，有些利用其他形式的能量来探测，如 X 射线。请通过一个拓展活动来探究望远镜是如何利用可见光来帮助我们看到遥远的物体的。把你的研究成果展示给大家。

第1章

天气模式

大概念

我们怎样预测天气?

基本问题

第1课

大气中的哪些因素对天气有影响?

第2课

气团、锋面和水蒸气对天气有什么影响?

第3课

导致极端天气的因素有哪些?

第4课

决定一个地区气候的因素有哪些?

大概念

核心词汇

天气 某地短时间内对流层的具体状态。

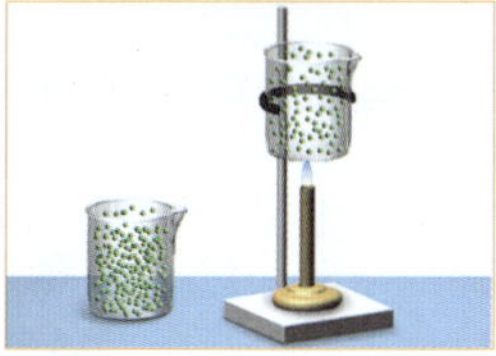

气压 施加在单位面积上的大气压力，由单位面积上方所有空气所受重力的大小决定。

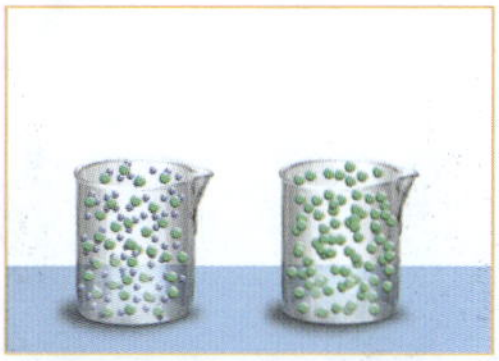

湿度 空气中水蒸气的含量。

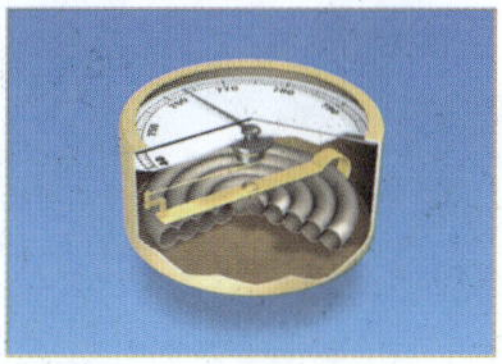

气压计 测量气压的工具。

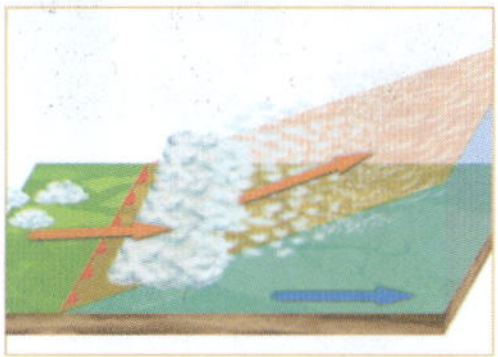

气团 具有相似性质的大型空气团。

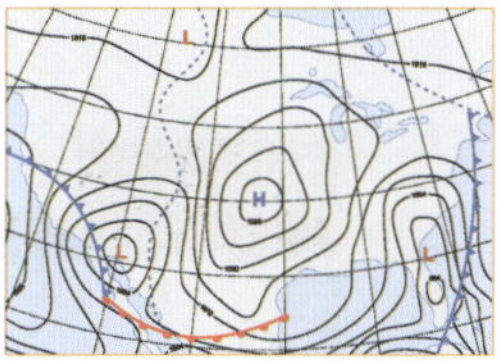

天气图 反映某时某地天气状况的地图。

第1课

大气层和天气

看一看，想一想

随着太阳高度的变化，这棵树的影子长短也在发生变化。当太阳高度变化时，还会发生什么变化？

探究活动

太阳高度对温度有何影响?

做出假设

当太阳高度不同的时候，地表的温度会发生什么变化？以“如果太阳高度增加，那么……”的形式写下你的答案。

验证假设

1. △小心！ 准备 3 张黑色美术纸，在每张美术纸的中间钻一个能放温度计的小孔。
2. 用胶带把每张美术纸和一张硬纸板粘在一起。
3. 在每个小孔中放一支温度计，温度计的玻璃泡要刚好卡在美术纸和硬纸板之间。
4. 用胶带把温度计固定好。把温度计放在阴凉处，直到所有温度计的读数相同。记录下这个温度。
5. △小心！ 不要直视太阳。如图所示，把温度计以不同的角度放到阳光下。
6. **测量** 每 2 分钟记录一次每支温度计上的读数。

解释数据

7. 这个实验的自变量和因变量各是什么？
8. **测量** 用图表示每支温度计的读数随时间的变化。哪支温度计的读数上升得最快？

进一步探究

太阳温暖着地表。在阳光的照射下，土壤和水，哪一种升温更快？请做出假设并设计实验进行检验。记录你的实验数据并和同学们进行交流。

材 料

- 剪刀
- 3支温度计
- 3张黑色美术纸
- 胶带
- 3张硬纸板
- 量角器

步骤 3

步骤 5

读一读，学一学

基本问题

大气中的哪些因素对天气有影响？

词汇

日照　　对流层
天气　　气压
湿度　　全球风带
气压计

阅读技能

比对和对比（维恩图）

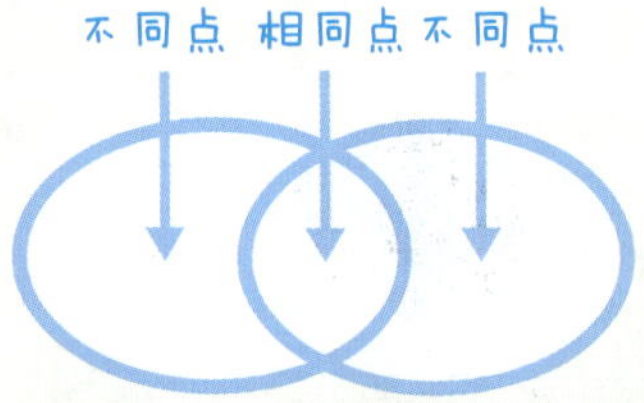

太阳是如何使地球升温的？

春季的第一天，纽约市的室外温度是 5℃。同一天，居住在佛罗里达州迈阿密市的朋友说，那里的温度有 22℃。从地图上得知，迈阿密市位于纽约市以南约 2080 千米处。你认为是什么原因导致迈阿密的气温比纽约高？

阳光照射到地球上时，来自太阳的能量温暖了地球表面。到达地球的太阳光叫作**日照**（insolation）。但是地球上不同地区获得的日照并不均衡。

造成不同地区气温差异的一个重要原因是地球的形状。地球的形状近似一个球体。在地球的正中间，人们假想了一条叫作**赤道**的弧线，它将地球平均分成两半。

春分日的太阳高度角

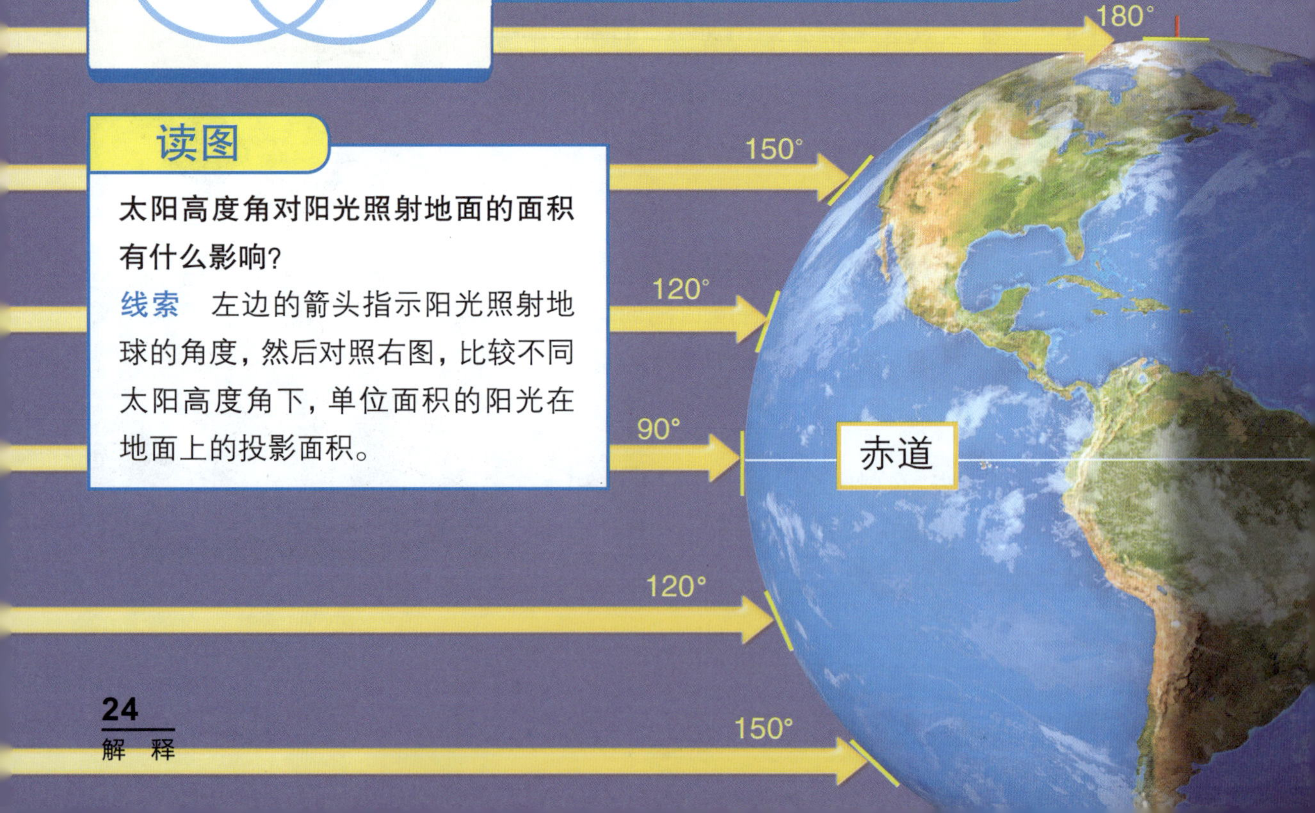

读图

太阳高度角对阳光照射地面的面积有什么影响？

线索　左边的箭头指示阳光照射地球的角度，然后对照右图，比较不同太阳高度角下，单位面积的阳光在地面上的投影面积。

太阳光以近似垂直的角度照射在赤道附近。如果把太阳光看作一束光，那么它在赤道处的投影就是一个圆形的光斑。由于地球表面是弧形的，这束光照到赤道以南或以北的位置时，角度就是倾斜的，它的投影就是一个椭圆形的光斑。

每束阳光中的热能相同。但是，椭圆形光斑投影的面积明显大于圆形光斑投影，也就是说，在太阳直射不到的地区，同样的能量被分散在更广阔的区域。所以在这些区域，单位面积获得的能量就相对较少。

距离赤道越远，单位面积上所获得的能量和赤道相比差距就越明显。由于纽约市比迈阿密市距离赤道更远，所以纽约地区单位面积上接收到的太阳能要比迈阿密地区少得多。

快速检测

比对和对比 迈阿密地区比纽约地区更温暖的原因是什么？

批判性思维 地球上哪个地方的太阳光能量最不集中？

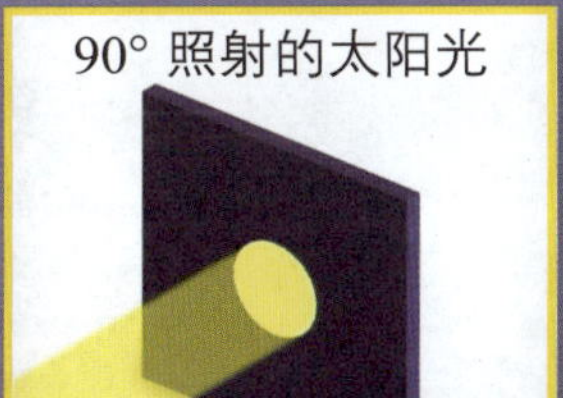

▲ 纽约地区（上图）通常比迈阿密地区（下图）冷。其中一个很重要的原因就是纽约地区所接收到的太阳能比迈阿密地区少。

大气层可以分为哪几层?

包裹地球的大气层可以分五层。离地球最近的一层叫作**对流层(troposphere)**。对流层的厚度为 8 ～ 18 千米。对流层在赤道地区最厚，在两极地区最薄。

对流层之上的大气层分别是平流层、中间层、热层和散逸层。随着距离地面高度的增加，大气中气体分子的数量不断减少。散逸层的范围大约从离地面 800 ～ 3000 千米处。散逸层中的气体稀薄，气体分子之间距离很远。

天气(weather)是某一个地区短时间内对流层的具体状况。几乎所有的天气现象都发生在对流层。天气可以是多种多样的，有寒冷和炎热，有干燥和湿润，有风和日丽，有疾风骤雨，有晴空万里，有乌云密布，等等。

影响天气的因素包括温度、风和云。当太阳能到达地球时，大约 50% 被地球表面吸收，大约 5% 被地球表面反射。剩下的能量去哪里了呢？云吸收或反射了剩余 45% 的太阳能。

日照和大气层

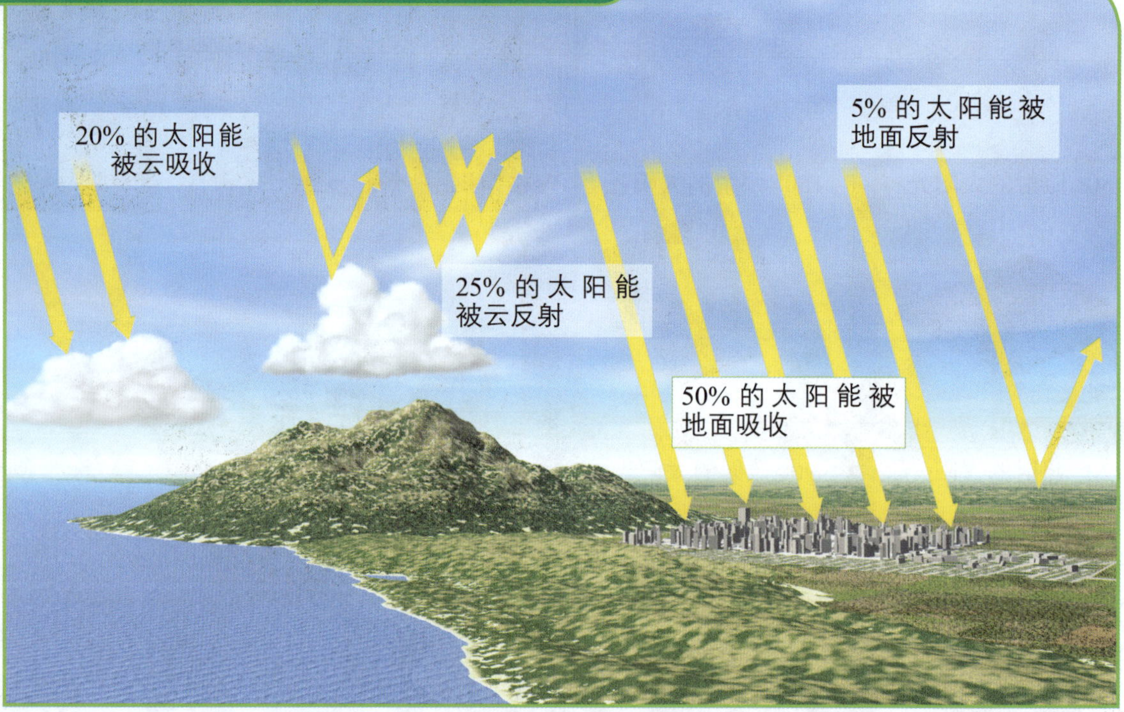

大气分层

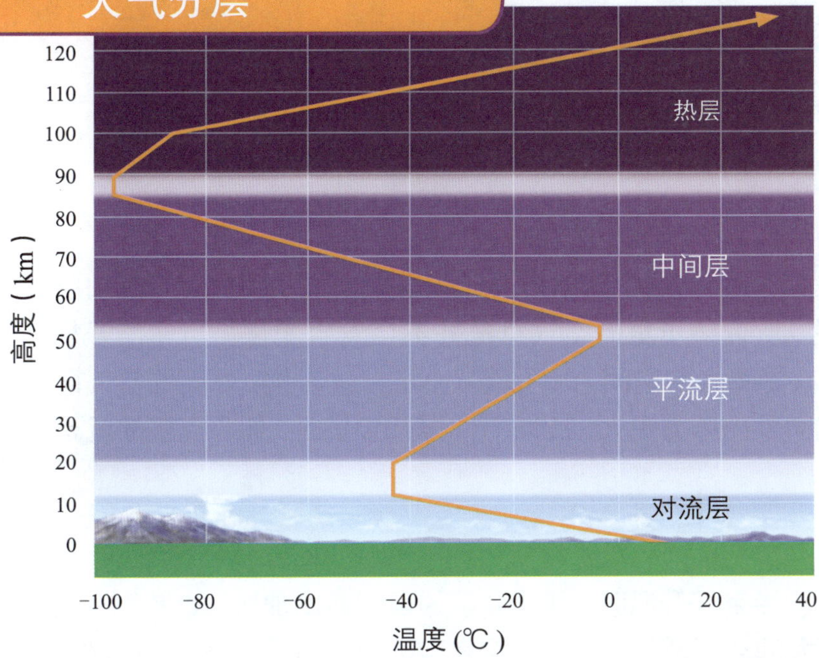

图例

图中的橙色箭头表示不同大气层的温度变化。大气层中温度最低的地方出现在中间层顶部。

大气中的气体分子对地球表面及其周围的一切物体都施加了压力。**气压（air pressure）**是指施加在单位面积上的大气压力，其大小由单位面积上方所有空气的重力大小决定。

你可以把气压想象成地球表面一根一根的空气柱，然后想象一下指甲盖大小的地方将承受多大的压力。为什么人体感受不到这个压力？这是因为人体是同时受到各个方向的气体压力——上面、下面、左边、右边等，而这些不同方向上的压力彼此平衡。

虽然空气中看起来什么都没有，但其实空气是一种含有多种气体的混合物，其中包括氧气、氮气等。观察汽艇，气球，汽车或自行车的轮胎，你会发现空气也有一定的体积。

篮球中充满了空气。

快速检测

比对和对比 地球表面吸收或反射了多少太阳能？

批判性思维 宇宙空间中有气体分子吗？

真相 大气对物体的各个方向都施加了压力。

影响气压的因素有哪些?

许多因素都会影响气压值。这些因素包括体积、温度、海拔和空气湿度等。

体积

体积是描述一个物体所占空间大小的物理量。想象一下，有一个容器，上面套着一个袋子，如果你撑开袋子，这个物体的总体积就变大了。因为袋子是用胶带密封固定在容器上的，所以袋子里的空气总量并不会发生变化。当你撑开袋子的时候，里面的空气有了更大的空间，气压就减小了。这时候，外面的空气向内的压力比里面的空气向外的压力更大，所以当你撑开袋子时，你要克服的就是这个压力差。

温度

气压也与温度有关。当空气升温时，气体分子的运动速度加快，如果条件允许，它们还会扩散到更大的空间范围。所以在原有空间内，气体分子数量减少，气压降低，空气的密度也变小了。

海拔

山顶的空气柱比海平面上的空气柱更低，这说明山顶单位面积上的空气质量更轻，重力更小，大气压随海拔升高而降低。**海拔**是某个地点高出海平面的垂直距离。

容器的体积增加时，气压减小。

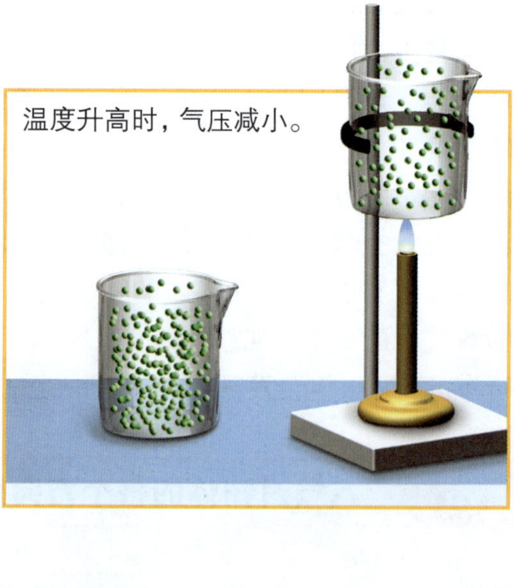

温度升高时，气压减小。

迷你实验

气压和体积

① **建立模型** 如图所示，将塑料袋套在一个容器上。确保装置的密封性良好。

② **观察** 请你的同伴用双手紧紧握住容器。然后你慢慢地用手把塑料袋塞进容器中。当你向下推塑料袋时，塑料袋里空气的体积和质量发生变化了吗？你感觉到了什么？为什么会这样？

③ 把塑料袋从容器里拉出来，然后用铅笔小心地在塑料袋上戳一个洞。

④ **观察** 重复步骤2，再次把塑料袋塞进容器中，同时把你的手指放在洞口。当你向下推塑料袋时，里面空气的体积和质量发生变化了吗？你感觉到了什么？为什么会这样？

水蒸气含量

空气是各种气体的混合物。水蒸气的质量比空气中的大多数其他气体轻。当空气中的水蒸气含量上升时，这部分混合空气的质量就减少，它产生的压力比干空气更小。**湿度（humidity）**表示空气中水蒸气的含量。

湿度增加时，气压减小。

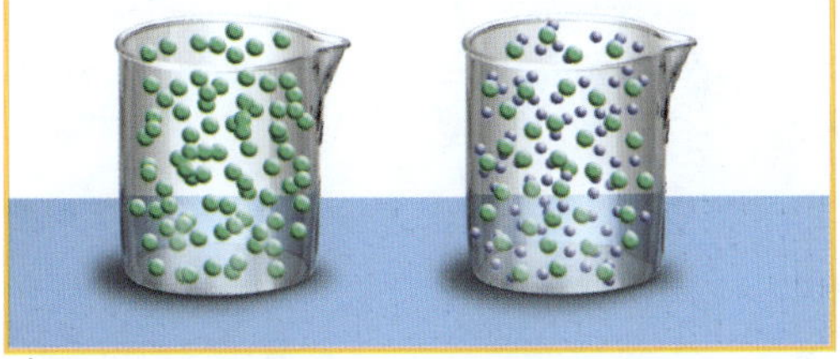

快速检测

比对和对比 晴空万里的日子和阴雨绵绵的日子相比，哪一个气压比较高？

批判性思维 空气温度下降时，气压会发生什么变化？

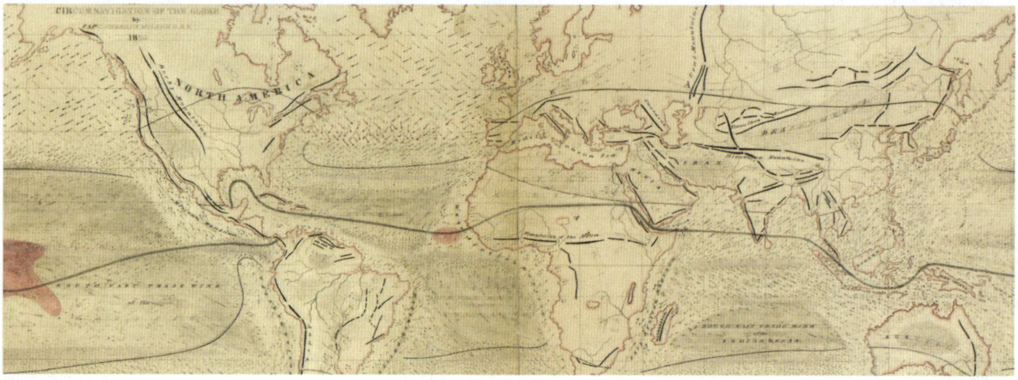

信风图

什么是全球风带?

几百年前，人们利用帆船将货物运到世界各地。当帆船从欧洲航行到美洲时，需要规划一条东北—西南方向的航线。后来，船长们惊奇地发现，在赤道和北纬 30° 之间的风向就是从东北吹向西南的。**纬度**是指一个地方到地心的连线与赤道面的夹角，表示这个地方与赤道间的距离，在赤道以北的称为“北纬”（记作 N），以南的称为“南纬”（记作 S）。在 30° N 和 30° S 之间的风称为**信风**，又称“贸易风”。

信风带是全球风带的一部分。**全球风带（global wind）**是特定范围内，风向可预测的全球性大气环流。全球风带出现的一个原因是赤道附近地区受热较多，而两极地区则受热较少。

全球风带

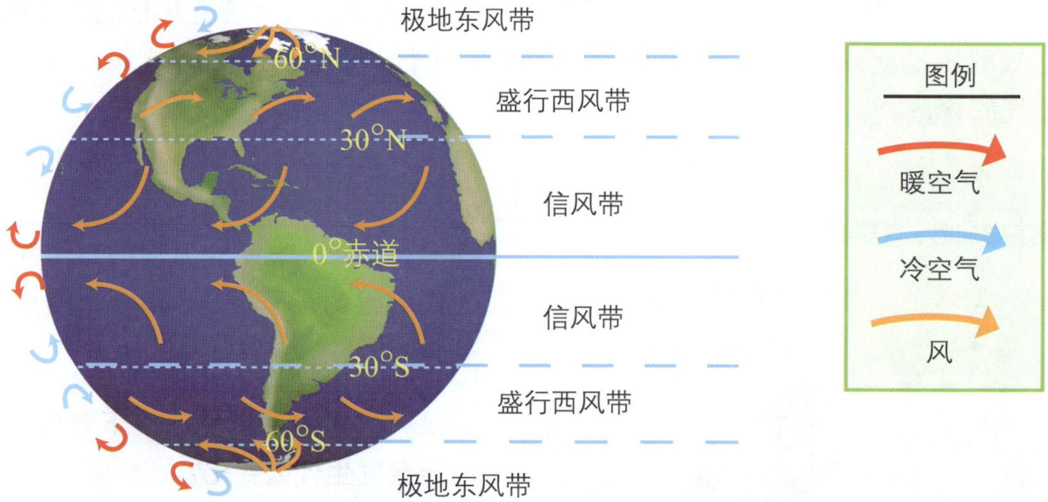

科里奥利效应

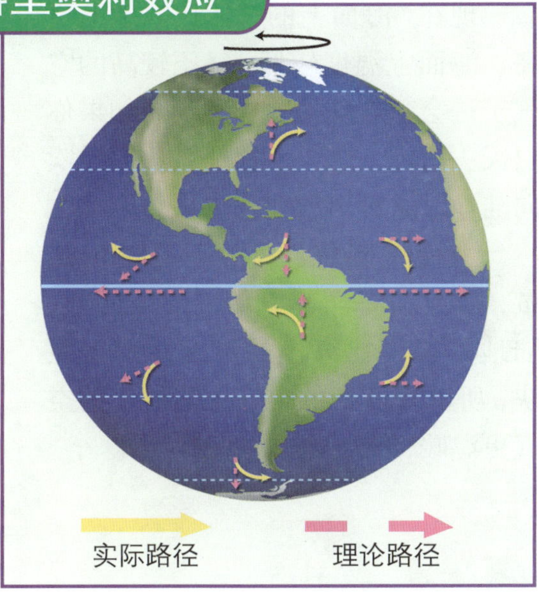

地球自转一周，两极附近地区比赤道附近地区运动的距离更短。这导致从赤道吹出来的风出现偏转。在北半球，风是向右（顺时针）偏转的。在南半球，风是向左（逆时针）偏转的。**科里奥利效应**描述的就是地球表面或地表上空的物体受地球自转的影响，运动方向发生变化的现象。受科里奥利效应影响，地表上空原来的风向发生了偏转。

如果科里奥利效应是影响风从北极吹向赤道的唯一因素，那么你可能会预测北半球或者南半球的所有风都将朝着相同的方向吹。但事实上，在 30° N 和 60° N 之间，风向并不是像预测的那样。你知道是什么原因导致这片区域的风向发生变化的吗？

如果你计算过冷空气中的气体分子数目，并将之与同样体积的暖空气中的气体分子做过比较，你会发现，同样体积的冷空气中，含有数量更多的气体分子。也就是说，冷空气的密度大于暖空气。所以冷空气会下沉，而暖空气则会上升。

赤道上的空气受热较多，对流层的暖气团上升。随着高度的增加，气体的温度下降，暖气团开始降温。因为赤道上的空气被源源不断地加热、上升，降温的暖气团就被推动着从赤道上空朝北（或南）移动。

你可能会想，那这样的话，这些气体就会一直朝北（或南）移动，直到两极地区才对。事实上，在气团从赤道上空朝北（或南）移动的过程中，经历了多次受热、冷却过程，在北半球和南半球各形成了 3 个不同的风带。在中间的风带，降温气团的运动发生了转向，这里的风向和其他两个风带相反。

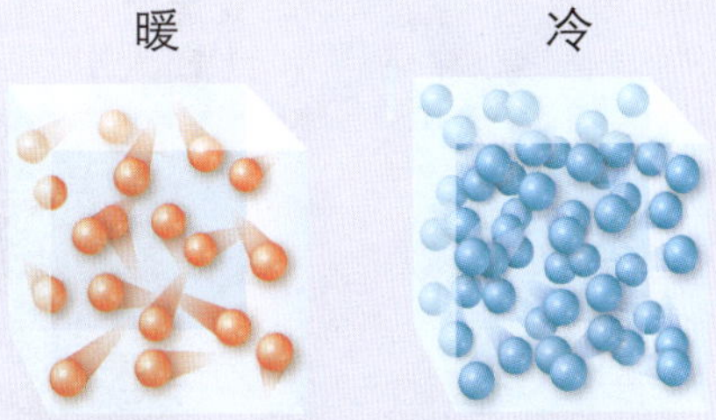

暖空气的密度比冷气空低。

快速检测

比对和对比　南北半球的风向分别是怎样偏转的？

批判性思维　如果地球无法再接收太阳的热量，全球风带会发生什么变化？

什么是地方性风?

地球表面大约四分之三的面积是海洋，剩下的约四分之一是陆地。当太阳辐射同时加热陆地和海洋时，会发生什么情况?

白天，太阳同时照射海洋和陆地，但是陆地的温度比海洋的温度上升得更快。随着陆地的升温，地面上的空气也被加热了，温度比海面上的空气更高。因为陆地上的暖空气密度变小，气压降低，于是这部分暖空气就开始上升。

现在，海面上的气压比陆地上更高。海面上温度较低，气压较高的空气于是会朝着陆地方向移动。如果你白天去海滩，你会感觉到风从海洋吹向陆地。这种风就叫作**海风**。

当夜幕降临，太阳不再提供热量，陆地和海洋都开始冷却。同样，陆地的温度比海洋的温度冷却得更快，所以海面上的空气比陆地上的空气更温暖，气压也更小。

海陆风环流

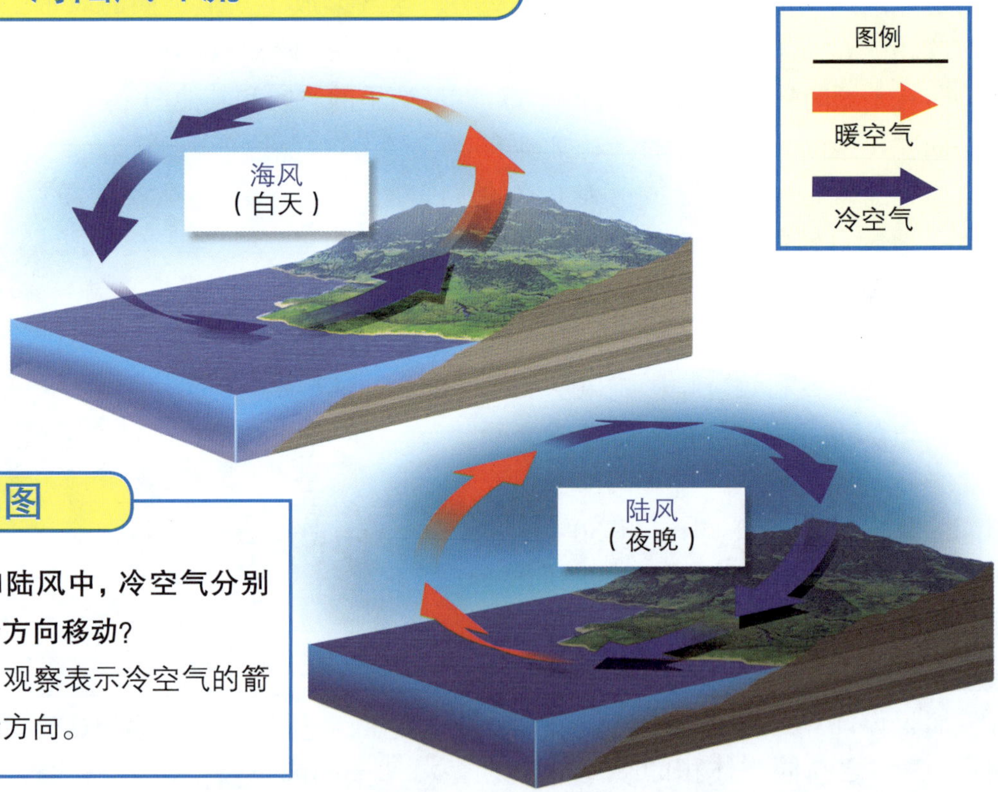

读图

海风和陆风中，冷空气分别向哪个方向移动?

线索　观察表示冷空气的箭头指示方向。

海面上的空气上升后，地面上温度更低、气压更高的空气朝着海洋方向移动。如果在夜晚的沙滩上，你会感觉到风从陆地吹向海洋。这种风叫作**陆风**。

像山脉等地形也会影响空气的流动。早晨，阳光在照到山谷之前会先照到山坡。随着山坡温度升高，山坡上的暖空气开始上升，来自山谷的冷空气向上移动，取代上升的暖空气，形成**谷风**。

傍晚，山谷还能从夕阳中接收到一些残余热量，而在山坡上，早晨获得的太阳热量已经开始散失。所以山谷中的暖空气开始上升，来自山坡的冷空气向下流动到山谷中，形成**山风**。

快速检测

比对和对比 海风和陆风形成时的气压状况有什么区别？

批判性思维 太阳能为什么会导致地方性风？

山谷风环流

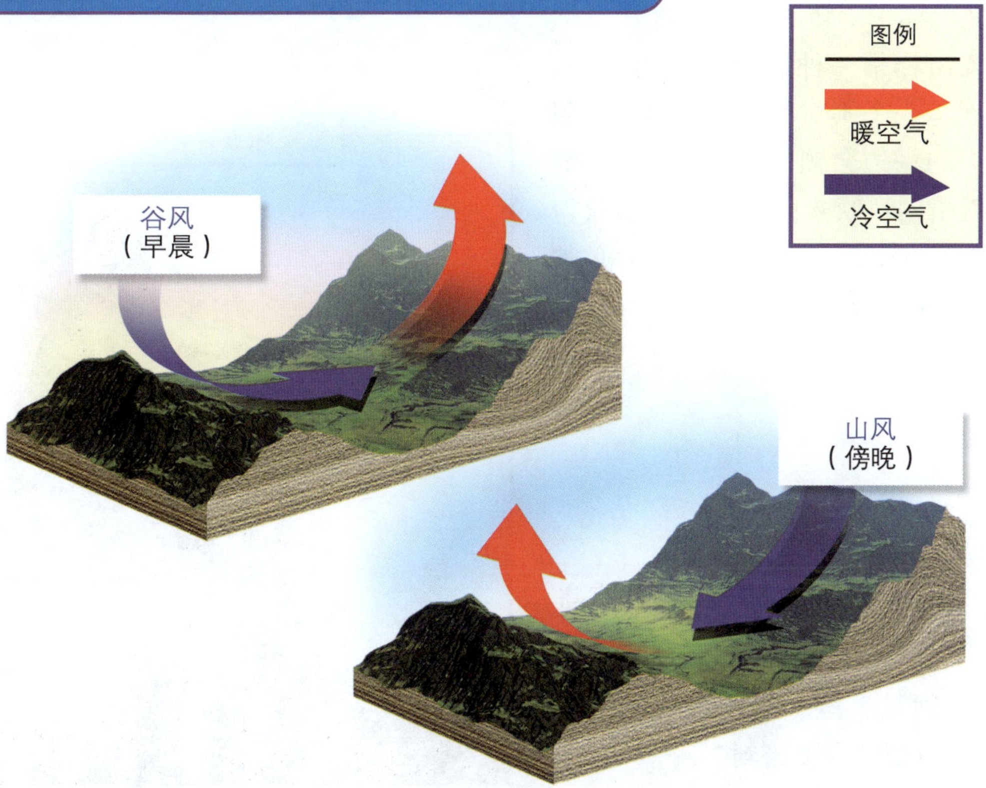

怎样测量气压和风?

气压计（barometer）可以测量大气压。**水银气压计**是用水银柱测量大气压的气压计，水银柱上升的高度就是气压值。

空盒气压表是用一个密闭容器的大小变化来测量大气压的。如果气压增加，容器会被挤压、变小；如果气压降低，容器会膨胀。

风向袋是一种连接在一根杆子上的、有开口的布袋。当风吹起时，布袋就会被风灌满，然后在空中飞扬。

风速计利用风吹动杯子旋转的办法来测量风速。风速可以通过计算一段时间内杯子旋转的次数来测量。

风向标是一种显示风向的仪器。风向标是一个不对称形状的物体，阻力较大的一边会顺风转动，另一边的箭头就指向风吹来的方向。为了获得准确的数据，避免干扰，风向标必须设置在远离高大物体的地方。

空盒气压表

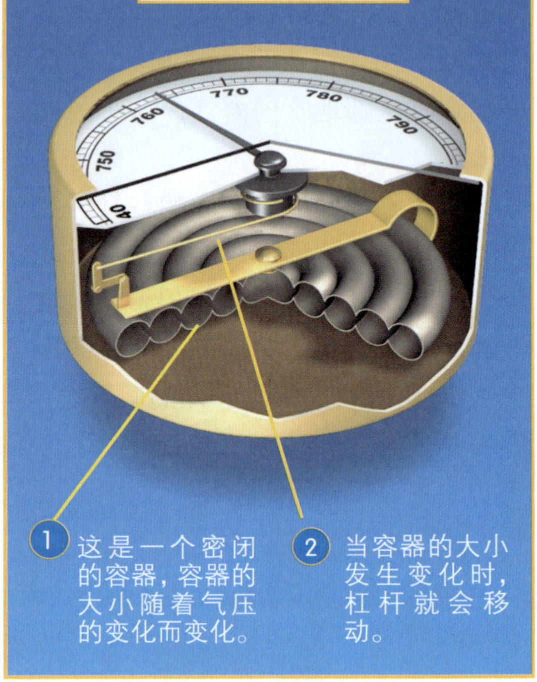

风速计

快速检测

比对和对比　水银气压计和空盒气压表的哪些部分是密封的?

批判性思维　为什么气压表的某一部分需要密封?

课后回顾

摘要

太阳对地球大气层的加热是不均匀的，这种不均匀带来了气压差。

影响气压的变量包括体积、温度、海拔和湿度。

空气从高压区向低压区流动。气压差导致了风。

制作 折叠式学习卡

如图所示，制作一个三栏折叠式学习卡。在前一页的每一栏写下标题，并在后续的页面中总结这节课你学到的相关知识。

想一想，说一说，写一写

1. **词汇** 施加在某一特定区域的，其大小由上方所有空气的重力决定，这种特性叫____________。
2. **比对和对比** 比较赤道地区的热能与两极地区的热能。

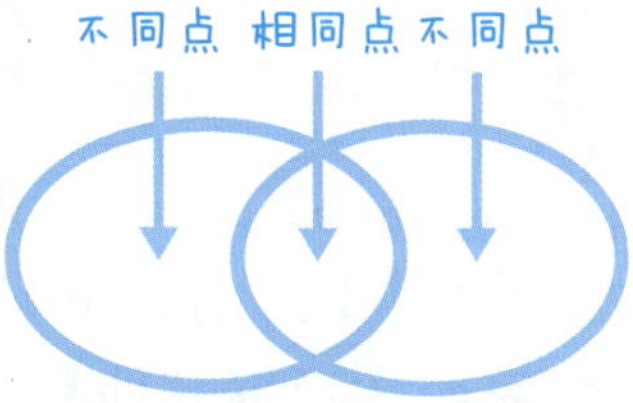

3. **批判性思维** 太阳的热能是怎样导致全球风带和地方性风的？
4. **测试** 下列哪项对全球风带的描述最恰当？
   A 它是一圈环流。
   B 当中存在大气压。
   C 它会不均匀地加热地球。
   D 它吹的范围很广。
5. **测试** 气压计能测量什么？
   A 气压　B 风速　C 风向　D 湿度
6. **基本问题** 大气中的哪些因素对天气有影响？

写作链接

故事性记叙文

如果你是一名船长，当你从欧洲航行到美洲时，你会记录关于风的哪些信息？在船上时，你怎么判断风速或风向呢？

艺术链接

风向标

设计一个能自由旋转的风向标。适当装饰一下你做的风向标，然后测试它指示风向的能力如何。

聚焦技能

探究技能：交流

当科学家完成一个实验后，他们会和其他科学家**交流（communicate）**实验的结果。交流就是与他人分享信息。你可以通过叙述、写作、绘画，甚至唱歌或者跳舞的形式来交流信息。

▶ 学习

在下面的活动中，你将测试空气能不能把桌子上的笔记本抬起来。在活动册上记下你的假设、材料、观察结果和结论。

科学家经常根据其他科学家已有的结果来设计新的实验。如果你把实验的细节与大家进行交流，那么其他同学也可以在你的工作基础上进行实验。准确地写下你的实验步骤，也能让你知道可以用哪些不同的材料和不同的变量来设计更完善的实验。如果得到了一个意料之外的结果或者没能验证你的假设，你也应该诚实地记录下来。

▶ 尝试

材　料　笔记本、气球、胶带、尺子。

1. 我们已经知道，空气有质量并且占据一定的空间。你认为气球里的空气能把平放在桌子上的笔记本抬起来吗？如果可以，笔记本能抬多高？
2. 用胶带把两个气球粘在笔记本上，露出气球的吹气口，然后把笔记本翻转过来，使笔记本处于气球的上方。

3 向其中一个气球吹气，笔记本会出现什么现象？把两个气球都尽可能吹满气。

4 用尺子测量桌子和笔记本之间的距离。

5 **交流** 记录下气球抬升笔记本的高度，并与其他同学进行交流。

6 根据其他同学测定的数据，算出笔记本抬升的平均高度，将结果做成一张表格，并与自己的实验结果进行比较。

7 **交流** 谁的气球把笔记本抬得最高？有没有人实验失败了？与同学们讨论一下实验过程中出现的问题以及有哪些改进实验结果的措施。

▶ 应用

想一想有没有什么办法可以把笔记本抬得更高。如果用更大一些的气球，会发生什么情况？如果你把小气球放在笔记本的每个角落上，又会怎么样呢？用这些实验材料，你能抬起最重为多少的书？

设计一个新实验，验证你的假设，并得出一个关于利用空气抬升物体的结论。然后选择一种你喜欢的方式，比如写一篇报告，画一幅卡通画，写一首歌或唱一首歌，把你的实验结果在班级里与同学们进行交流。

第2课 云和降水

看一看，想一想

图中的这个地区乌云密布，大雨将至。一场暴雨会带来多少降水？

探究活动

你所在地区的降水量有多少？

实验目的

测量你所在地区的降水量。

实验步骤

1. ⚠小心！ 用剪刀小心地剪掉果汁盒的上半部分。
2. 用胶带把果汁盒和锡盘粘在一起，然后把它放到户外空旷的地方。
3. **测量** 在每天的同一时刻检查一遍果汁盒。如果盒子里有水，则测量出水的高度（单位：厘米）。
4. 在表格中记录下每天的观察结果。每次记录好数据之后要倒掉盒子里的水，然后把盒子放回原来的地方。

得出结论

5. **解释数据** 设计并完善图表，将你的实验结果以图表的形式展示出来。
6. **分析数据** 将你测得的所有降水的体积单位从立方厘米转化成升。

进一步探究

你的实验结果与当地官方公布的降水量数据接近吗？你在实验过程中遇到了什么问题？有什么方法可以改进数据的收集方式？

材料

- 剪刀
- 果汁盒
- 胶带
- 锡盘
- 尺子

步骤 2

步骤 4

读一读，学一学

基本问题

气团、锋面和水蒸气对天气有什么影响？

词汇

气团

锋面

天气图

阅读技能

得出结论

线索	结论

云层是怎么形成的？

当你仰望天空时，映入眼帘的是一片蓝色。然后，出现了一朵蓬松的白云，接着出现了一朵又一朵的白云。云越来越多，天气却越来越暗。现在，天空被厚厚的灰白色云层所覆盖。这些云在看似空无一物的空中是怎么形成的呢？

水蒸气是大气中的一种气体。当水蒸气在空中越升越高后，它就开始失去热量，变得越来越冷。当水蒸气变冷时，它的运动速度就会变慢，水蒸气分子之间也会越靠越近。当水蒸气分子的运动速度足够慢时，它们就会在尘埃微粒周围凝结成小水滴。

你可能在淋浴门、冷饮的杯壁、清晨的草地上都看到过凝结的水滴。这些都是由空气中的水蒸气凝结而成的，就像云层中的小水滴一样。

云的外观取决于它在大气层中形成的高度和温度。**卷云**形成的高度最高，它们通常由温度降到冰点（0℃）以下的小冰晶组成。

低云大多由小水滴组成。这些云可能呈灰色或黑色，这主要是由于小水滴太密集，导致阳光无法穿透云层。

积云和层云这两种云主要就是由小水滴组成的。**积云**是出现在中等高度、看起来蓬松的云。**层云**看起来有层次感，通常形成于低空中。

当地面温度较低时，水蒸气会形成雾。**雾**就相当于一种在地面附近形成的云。

卷云是一缕一缕、边缘毛茸茸的云。

积云是一朵一朵蓬松的云。

层云是一层一层、像毯子一样的云。

迷你实验

云的种类

1. **观察** 观察天空中的云。你看见了几种云？
2. **分类** 你看到的云像卷云、积云还是层云？
3. 继续收集数据，坚持一周。

观察云

	卷云	积云	层云
第一天			
第二天			
第三天			

4. 你最常看到的是哪种云？
5. 把你的观察结果写成报告。想一想，如果在一年中的其他时间进行观察，你会得到不同的结果吗？请解释你的答案。

快速检测

得出结论 如果天空中高高地挂着一缕一缕的云，它们会是哪种云？

批判性思维 通过观察云层，你能知道风向吗？

真相 你能见到的云是由小水滴或小冰晶组成的。

降水是怎样形成的？

云中的水是以非常小的水滴形式存在的。随着时间的推移，其中一些水滴会相互碰撞，形成更大的水滴。当水滴碰撞时，云会变得更厚、更暗。水滴越来越重，依靠风力已经无法飘浮在空中时，它们就会变成降水落回地面。

当气温较高时，水蒸气会变成液态的降水，以雨水的形式落到地面。

当气温低于冰点时，水蒸气会变成固态的降水，以雨夹雪、冰雹或雪等形式落到地面。

在强雷暴云中，雨滴和冰晶相撞，就会形成**冰雹**。雨滴凝结成小的冰雹，大风又把小的冰雹吹回雷暴云，于是冰雹越来越大。最大的冰雹甚至可以有垒球那么大。

当雨滴降落到近地面一层寒冷的大气时，它们会凝结，形成**雨夹雪**。

降水的形成过程

雨

雨夹雪

冰雹

当气温接近或低于冰点时，就会出现**雪**。当温度很低时，水蒸气会直接凝华成固态小冰晶。如果你仔细观察落在窗户上的雪花，就能在它融化前看到它的形状。

降水量一般用深度表示。我们通过测量某一个容器里积累的雨水有多深，或地面上的雪有多厚来判断降水量。

要测量降雨量，就要用到雨量器。**雨量器**是一个标有刻度（通常以毫米为单位）的容器。我们只需要读出雨量器上的水位刻度，就可以知道降雨量。

测量降雪量时，可以用直尺从雪的表面插到地面，然后读取直尺上的刻度。然而，用直尺测量降雪量并不是非常准确，因为雪的厚度会随着雪的融化而变化，而且雪也可能被压实。此外，风也可能把雪吹走，这些都会干扰测量的准确性。

快速检测

得出结论 如果气温高于冰点，会形成哪种降水？

批判性思维 下雨时，如果近地面的气温很低，会形成哪种类型的降水？

读图

形成每种降水的第一步都是一样的吗？

线索 仔细观察云最初的变化。

什么是气团和锋面？

一个地区的天气受经过该地区的气团的影响。**气团（air mass）**是具有相似温度和湿度的大型空气团。气团可以覆盖数千平方千米的陆地和水域。

气团可以是冷的、暖的、干的或湿的，具体特性取决于它们的形成地。在温暖水域上方形成的气团通常是温暖、潮湿的。在寒冷陆地上空形成的气团通常是寒冷、干燥的。赋予气团特征的区域被称为气团发源地。

当一个气团遇到另一个气团时，相互接触的部分叫作**锋面(front)**。锋面是迎面而来的气团的前缘。

暖气团向冷气团推进

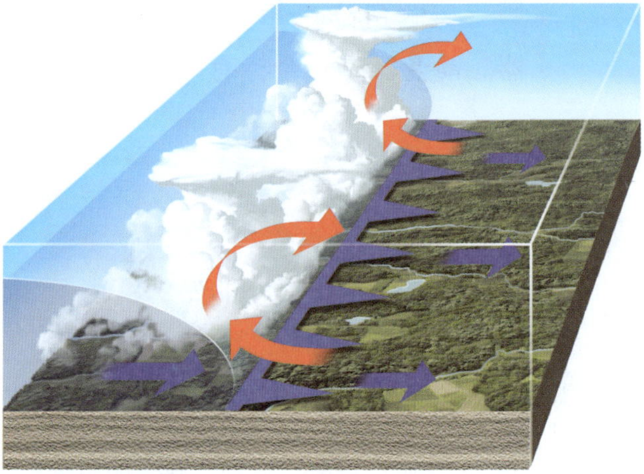

冷气团向暖气团推进

气团发源地

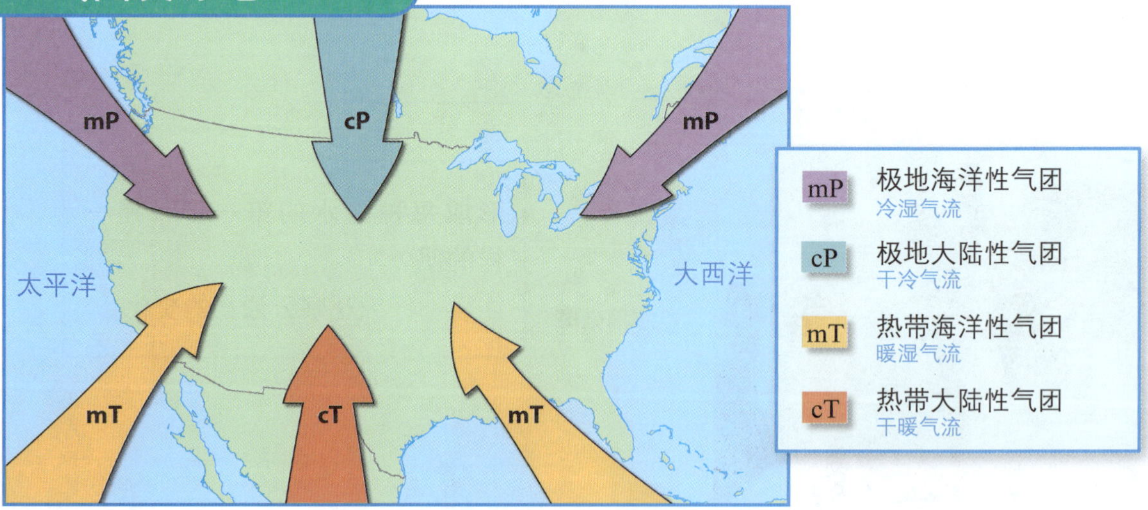

锋面移动

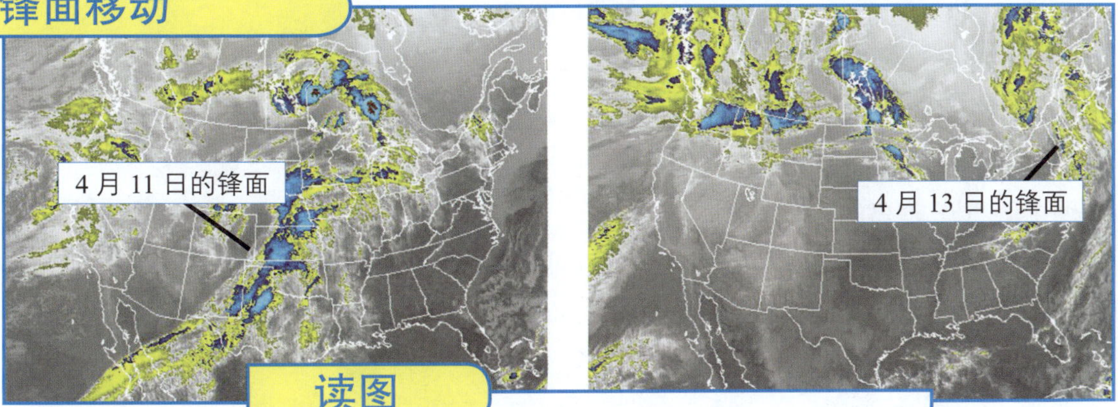

读图

这个锋面的移动方向是怎么样的？

线索　根据指南针确定方向。

当干燥的冷气团向潮湿的暖气团推进时，密度大的冷空气会将密度较小的暖空气向上抬升。当暖空气上升时，气团中的水蒸气凝结，高耸的云层就形成了，狂风暴雨可能随之而来。

有时，两个气团的温度和湿度都很相似。这样的两个气团相遇时，气团就不动了，形成**准静止锋**。准静止锋位于两个气团之间的交界面，这两个气团势力相当，任何一个气团都不能取代对方。

那么，什么能推动气团呢？就是我们之前学过的全球风，比如信风。还有一种全球风叫作急流。**急流**是因气团温差大而引起的、通常形成于高空的气流。急流的风速每小时可以超过240千米。

在北美上空，急流从西向东吹。由于急流推动了气团，北美几乎所有的锋面都是由西向东移动的。

冷锋和暖锋都有助于预测未来的天气。在北美，东部今天的天气往往跟它西边地区昨天的天气很相似。当急流把一个锋面吹向东边时，它后边的锋面也开始向东移动。

快速检测

得出结论　**当冷气团向暖气团推进时，这个地区的天气会发生什么变化？**

批判性思维　**要估算一个锋面经过某片区域的时间，你需要知道哪些信息？**

什么是高压和低压？

认识低压和高压系统，能帮助你了解当地的天气情况。**低压系统**是一种中心气压较低的大型气团，而**高压系统**则是一种中心气压较高的大型气团。

一般来说，暖湿气团气压较低，所以低压系统通常带来温暖而多风雨的天气。低压气团中的水分在上升过程中变冷、凝结，这会带来云、雨和其他类型的降水。

低压系统

干冷气团则气压较高，所以高压系统通常带来干燥、晴朗的天气。高压系统中的水分容易被蒸发，所以天空中的云和降水都较少。

为了知道某个时间里高压系统和低压系统的分布，科学家在地图上标出了不同区域的气压。然后，用一条线把所有气压相同的地方连起来，这条线就叫作**等压线**。

快速检测

得出结论 导致低压系统和高压系统中风向不同的原因是什么？

批判性思维 了解低压系统和高压系统的分布，对你预测天气有何帮助？

高压系统

干冷空气

1 空气从高压中心向四周移动。

2 风向为顺时针方向。

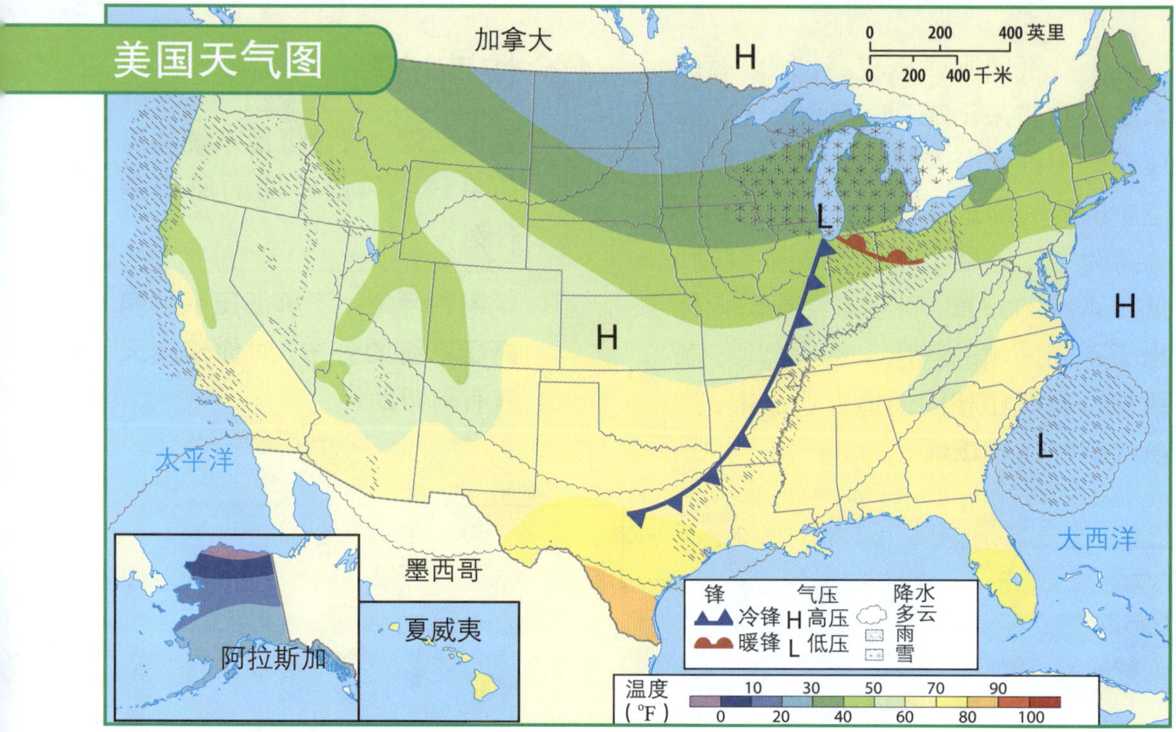

天气图能告诉我们什么信息?

天气图(weather map)是显示某时某地天气状况的地图。一张天气图上可以只显示一个变量(如气压),也可以同时显示多个不同变量。

在天气图上,不同的符号代表不同的变量。例如,冷锋通常用一条蓝色的线和蓝色的三角形表示。三角形指向冷锋移动的方向。暖锋通常用红色的线和红色的半圆形表示,半圆形指向暖锋移动的方向。

气象学家是研究地球大气和天气变化的科学家。他们通过研究影响天气的变量来预测未来的天气变化。

气象学家可以预测明天、未来五天,甚至未来几个月的天气趋势。但是,天气预报有时也会有偏差。气象学家需要持续地测量天气变量,因为有时某个变量的突然变化也会影响整个天气系统。这就是有时候天气预报明明说是晴天,实际天气却在下雨的原因。

快速检测

得出结论 如果有一个大型高压系统正朝你所在地区移动,那么你能预测一下明天的天气情况吗?

批判性思维 在出门前,你最想知道哪个天气变量?为什么?

课后回顾

摘要

	云和降水都是由空气中的水蒸气形成的。
	气团和锋面会影响大范围区域的天气。
	了解高压或低压系统的分布，能帮助你预测天气。

制作 折叠式学习卡

如图所示，制作一个折叠式学习卡，并根据图中标题总结这节课里你所学到的相关知识。

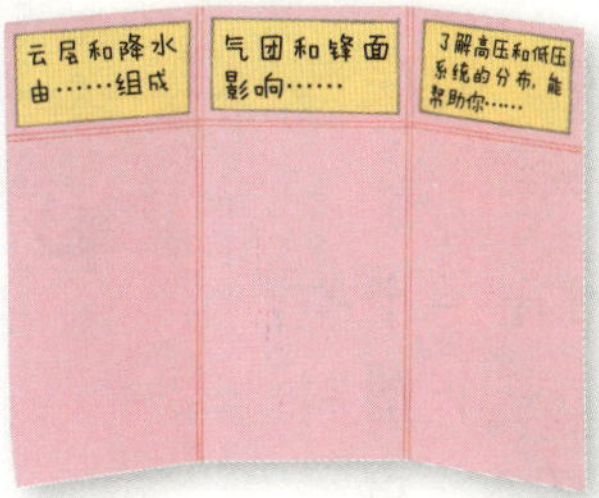

想一想，说一说，写一写

1. **词汇** 形成于地面附近的云也叫____________。

2. **得出结论** 像毯子一样一层一层，位于低空的云叫什么？

线索	结论

3. **批判性思维** 如果你想自己建一个天气预报站，那么你需要哪些工具或设备？

4. **测试** 为了预测天气，气象学家要追踪下列哪个变量？

   A 交通　　B 气压

   C 降水量　　D 人口

5. **测试** 下列哪种降水不是固态的？

   A 雨　　B 雪

   C 冰雹　　D 雨夹雪

6. **基本问题** 气团、锋面和水蒸气对天气有什么影响？

数学链接

预测降水量

早上5点的天气预报显示，这时候每小时的降水量为5毫米。那么请你预测一下，如果下一次预报是早上7点，这期间的降水有多少？

艺术链接

制作当地天气图

画一张你所在地区的天气图，并注明你据图预测的明天的天气情况。图中画上天气图需要的图例符号。

科学探究

材料

两个塑料瓶

剪刀

胶带

氯化钴试纸

两个塑料杯

白纸

结构化探究

如何证明空气中含有水蒸气?

做出假设

氯化钴试纸在干燥的空气中是蓝色的，在含有水蒸气的空气中会变成粉红色。把你的假设以“如果水蒸发，那么放在水旁边或上方的氯化钴试纸会……”的形式记录下来。

验证假设

1. △小心！ 剪掉这两个塑料瓶的上半部分。
2. 用胶带在每个瓶子的底部粘上一条氯化钴试纸。
3. 把一个瓶子倒扣在一个空塑料杯上；再取一个塑料杯，在杯中倒半杯水，将另一个瓶子倒扣在这个杯子上方。
4. 把第三张氯化钴试纸粘在白纸上，然后放在旁边，上面不覆盖任何物体。
5. **观察** 检查氯化钴试纸的颜色。
6. 记录下氯化钴试纸的变化。

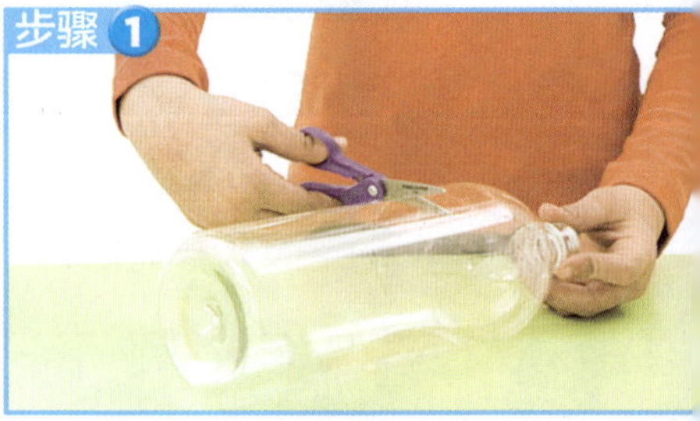

得出结论

7 **使用变量** 确定这个实验中的变量。把氯化钴试纸粘在白纸上的目的是什么?

8 实验观察结果支持你的假设吗?

指导性探究

水域面积会影响水的蒸发速率吗?

做出假设

我们已经知道,空气中确实含有水蒸气。但是如果水域面积增大,水的蒸发速率会更快吗?把你的假设以“如果增加水域面积,水蒸发的速率会……”的形式写下来。

验证假设

设计一个实验方案来验证你的假设。写出你所需的实验材料、资料和实验步骤。完成实验,并记录你的观察结果。

得出结论

你的实验结果支持你的假设吗?为什么支持(不支持)?与同学交流你的实验结果。

开放性探究

风对水的蒸发速率有什么影响?提出一个问题,然后设计一个实验来回答你的问题。你的实验只能测定或调整一个变量。写下你的实验设计和操作步骤,以便其他同学可以重复你的实验。

谨记 要遵守科学探究的步骤。

提出问题
↓
做出假设
↓
验证假设
↓
得出结论

第3课

极端风暴

看一看，想一想

每一天，有 40000 多个雷暴在地球各处隆隆作响。这些壮观的雷暴是由什么导致的？

探究活动

温度不同的气团相遇时，会发生什么状况？

做出假设

当一个气团遇到温度更低的气团时，会发生什么？以“一个气团遇到温度更低的气团时，会……”的形式写下你的假设。水与空气一样会流动和携带热量。用水作为空气的模型，可以帮助你验证假设。

验证假设

1. **⚠小心！** 裁剪纸板，使它能恰好卡在透明的塑料盒中间，用铝箔把纸板包起来。
2. 在一个塑料壶里倒入 4 杯冷水，在另一个塑料壶里倒入 4 杯热水。在冷水中滴几滴蓝色食用色素，在热水中滴几滴红色食用色素。
3. 把纸板紧紧地卡在盒子中间，并贴牢盒子底部。把冷水倒在盒子的一边，热水倒在另一边。
4. **观察** 当你移开硬纸板时，从侧面观察盒子里的变化。
5. 用两壶热水，其中一壶加色素，另一壶什么都不加，重复上述步骤。

得出结论

6. 这个实验中的变量是什么？
7. **推理** 哪个测试的现象看起来更像形成了风暴？为什么？

进一步探究

热水和冷水之间的温差会影响实验效果吗？提出假设并进行验证。

材　料

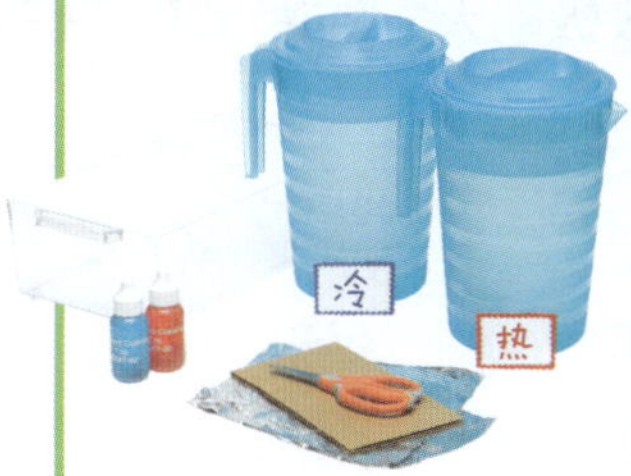

- 剪刀
- 硬纸板
- 透明的塑料盒
- 铝箔
- 两个塑料壶
- 冷水
- 热水
- 食用色素

步骤 3

步骤 4

读一读，学一学

基本问题

导致极端天气的因素有哪些？

词汇

雷暴
暴风雪
龙卷风
飓风
风暴潮
气旋

阅读技能

因果关系

原因	→	结果
	→	
	→	
	→	
	→	

① **锋面：** 冷锋推动暖湿气流抬升。气流上升过程中，水蒸气变冷凝结。

② **雷暴云砧：** 水蒸气凝结释放的热量使空气变暖，导致上升气流，于是形成了雷暴云砧。当雷暴云砧上升到更高的高度时，受对流层顶水平气流作用不能继续上升，它的顶部会变平。

③ **降水：** 降落的雨水或雪等。

什么是雷暴？

闪电划过长空，雷声隆隆，大雨倾盆，暴雨淹没了街道。这样的雷暴天气在地球上每天都有发生。**雷暴（thunderstorm）**是伴着闪电和雷声的暴风雨。

出现雷暴的一个条件是暖湿气流抬升。任何向上流动的空气都叫作**上升气流**。雷暴中的上升气流抬升了云的高度，形成了一种叫作**雷暴云砧**的高大云团。下雨时，可能会出现下沉气流。**下沉气流**是指冷空气突然向下运动。

雷暴的形成过程

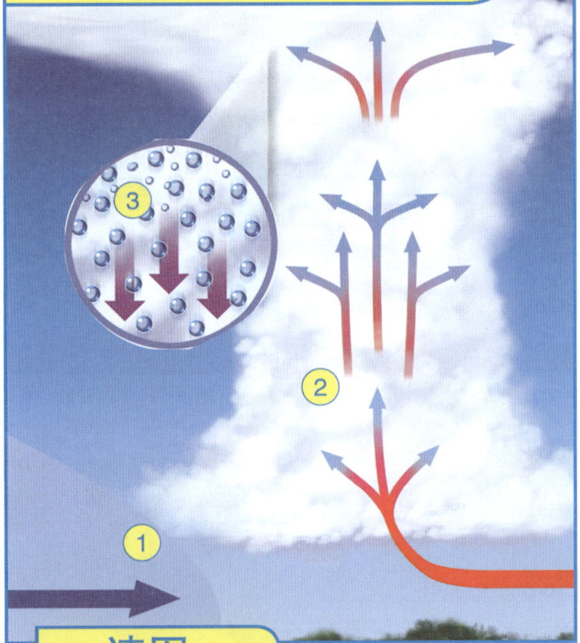

读图

在雷暴云砧中，空气的温度发生了什么变化？

线索　红色代表暖空气，蓝色代表冷空气。

闪电与雷

闪电是集聚在雷暴云砧中的电荷放电产生的火花。闪电可以出现在同一片云之内、不同的云之间或云与地面之间。

关于闪电成因的一种理论是，运动中的空气会导致向下运动和向上抬升的冰晶和雨滴发生碰撞和摩擦。当微粒摩擦时，它们就会带上静电。

这类似于你的脚在地毯上摩擦时，你的身体会产生静电。这时，如果你用手指触碰一个金属物体，你会有触电的刺痛感，因为你和这个物体之间产生了一点电火花。那个火花就是一个放电现象。

闪电可以使其周围空气的温度升高到太阳表面温度的5倍以上，这样的热量使得空气剧烈膨胀。**雷**是迅速膨胀的空气发出的声音。

雷暴是很危险的。它会带来闪电、狂风甚至洪涝。在雷暴天气里，请尽量待在室内并远离窗户。如果你不得不待在室外，一定要远离高大的物体。

闪电劈裂了大树。

闪电的形成过程

快速检测

因果关系 雷暴形成时，会发生什么？

批判性思维 雷声与气球爆炸的“砰”声有什么相似之处？

冬季风暴有哪些?

冬季，两个不同温度和湿度的气团相遇会导致风暴天气。当来自加拿大的极地大陆性气团向南移动，在美国上空遇到向北移动的来自墨西哥的热带海洋性气团时，常常会形成冬季风暴。冬季风暴的一种类型是以雪或雨夹雪为主的降水，这种天气主要出现在空气温度很低的时候。另一种类型是当地面温度很低时形成的冻雨。

暴风雪

人们通常把冬季强降雪称为暴风雪。在美国，官方对**暴风雪（blizzard）**的定义是，风速达到 56 千米 / 时，降雪量大到能见度小于四分之一英里（约 400 米）。

冬季暴风雪

读图

哪张图片是冰暴?

线索　在图片中找冰。

暴风雪通常会在几天内就使得某一地区的降雪量达到几英尺（1 英尺 ≈ 30 厘米），再加上风会把雪吹移，所以雪堆看起来往往比实际降雪量更厚。

如果下的雪很轻薄，即使雪停后，风也会把积雪重新吹卷到空中。所以雪停后，狂风吹起积雪而导致的暴风雪，气象学家就称之为**地面暴风雪**。

暴雪期间有时还会伴随着强烈的上升气流和下沉气流。狂风呼啸、漫天飞雪的天气能见度很差，人们很容易失去方向感，甚至分不出天空和地面。这种天气叫作**白蒙天**。

冰暴

冷空气遇到暖锋时，暖气团推动冷气团。有时，在海拔较低的地区，如山谷，会留下一层薄薄的冷空气。如果这时暖气团抬升，并成云致雨，当雨滴从空中落下，在接触到地面附近的这层冷空气时，雨水就会结冰。

如果地面温度也很低，雨夹雪或冻雨就会在地面上形成一层薄薄的冰。**冰暴**是指冻雨在地表形成冰层的恶劣天气。

冰和雪附着在电线和树枝上时，可能压断电线和树枝。冰和雪也会导致路面变得湿滑，所以，在这样的天气里走路和开车都很危险。

冬季风暴的另一个危险是严寒。为安全起见，这种天气要避免外出，尽可能待在室内，并为突发停电做好准备，比如备好保暖的衣服和毯子。

✔ 快速检测

因果关系 地面暴风雪发生的条件是什么？

批判性思维 如果你在暴风雪天气里被困在车内，把一个彩色的物体绑在车载天线上会有什么作用？

在暴风雪中开车非常艰难。

什么是龙卷风?

在一定的条件下，雷暴会变成龙卷风。**龙卷风（tornado）**是一种旋转的漏斗状气流，风速高达 500 千米 / 时。人们形象地称它为“龙卷风”。

雷暴云砧中的暖空气向上抬升，中间出现了一个低压区，于是，龙卷风就开始形成了。低压驱动空气辐合上升，随着空气流入低压区，它的旋转速度便越来越快。

从地面上看，云的形状像一个漏斗。暖空气上升到旋转的漏斗云中心，云的外侧则有降水。当漏斗云的尖端开始接触地面时，它就变成了龙卷风。

因为龙卷风只有相对较小的区域真正接触地面，所以当街道一侧的房屋被龙卷风摧毁时，另一侧的房屋可能根本没受影响。

龙卷风非常危险，它带来了强风，还携带着沿途卷起的各种物体。如果你听到龙卷风警报，请赶快到防空洞、地下室、浴室或建筑物底层的壁橱中躲好。如果你在车里或活动房屋里，赶快出去找个地方躲起来。

快速检测

因果关系 龙卷风旋转的原因是什么?

批判性思维 为什么在龙卷风经过时，气压差可能导致封闭的建筑物爆炸?

龙卷风的形成过程

1 雷暴云砧中的暖空气抬升。

2 当气流旋转时，形成了漏斗云。

迷你实验

瓶中的“龙卷风”

1. 将一个 2 升的塑料瓶注满三分之二的水。
2. 把另一个 2 升的空瓶口对口放在装水的瓶子上，用胶带或连接器把瓶口连接在一起。
3. **建立模型** 手握瓶颈，快速把两个塑料瓶倒置，这样有水的瓶子就在上面了，然后把瓶子放在桌子上。
4. **观察** 你看到了什么现象？
5. 这个模型和龙卷风的运动有什么相同之处？

3 当漏斗云接触到地面时，就形成了龙卷风。

什么是飓风？

雷暴也可能变成热带风暴。热带风暴的中心是一个低压气旋。这种风暴通常形成于赤道附近温暖的洋面上。水蒸气从洋面上蒸发，当暖湿空气上升时，周围的冷空气就会流向暖空气之前所在的位置。

水继续蒸发，中心气压继续降低。周围气压较高的空气就源源不断地向低压区移动，于是就形成了旋转的风。

当热带风暴的风速超过119千米/时，它就变成了**飓风＊（hurricane）**。从太空拍摄的卫星图片看，飓风就像一个中间有孔的螺旋状云团。中间的这个孔就是低压中心，叫作“飓风眼”。云团在风眼周围形成，然后向外扩散，且有明显的边界。

飓风影响范围内，风最强、雨最大的地区通常都在风眼附近。风眼附近的风速可以高达300千米/时，但是风眼内的低压区反而很平静，没有降水也没有风。

飓风可以把周围的雷暴拖入其中，是一个可以不断增长的风暴，大型飓风的直径可达2000千米，能覆盖美国好几个州。

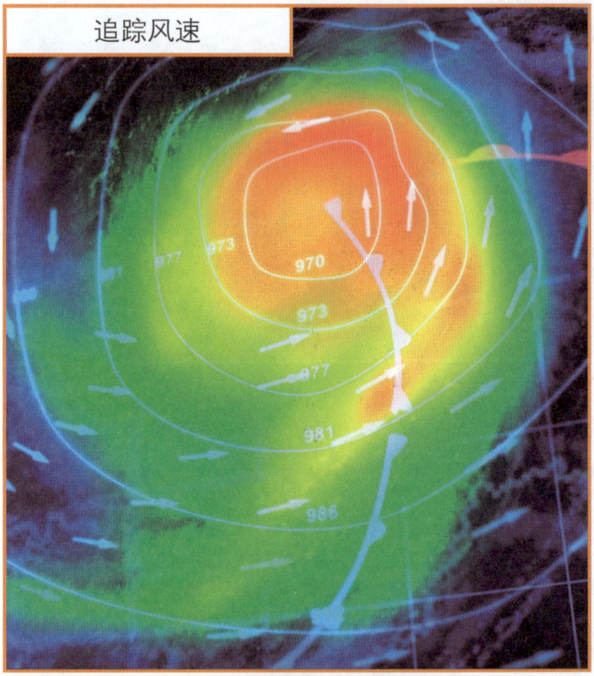

＊译者注：飓风的名称主要在北大西洋和北太平洋东部使用，而在北太平洋西部和中国南海地区，使用的名称为台风。

风暴潮会侵蚀海岸线，甚至摧毁海边的建筑。

风暴潮

飓风在海洋中掀起巨浪，这些浪引起海面的异常升降，这种现象称为**风暴潮（storm surge）**。当风暴沿着海岸移动时，风暴潮会导致水位快速上升，部分地区的海面甚至可以升高几米。

飓风非常危险。它不但会带来强风和洪水，还可能卷飞陆地上的物体。如果可以的话，请尽量远离受飓风威胁的地区。如果离不开，你必须待在室内，并用木板封住窗户，远离门窗，提前准备好食物、瓶装水、手电筒、收音机和电池等，还要尽量远离可能会被洪水淹没的海滩和低洼地带。如果政府安排撤离，请务必配合，及时转移。

气旋

具有低压中心、且气流呈涡旋状运动的风暴叫作**气旋（cyclone）**。热带风暴、飓风和龙卷风都有低压中心和涡旋状的风，所以它们都属于气旋。

快速检测

因果关系 在什么条件下，热带风暴会变成飓风？

批判性思维 雷暴是气旋吗？

气象学家用不同的工具收集天气的相关数据。

怎样追踪风暴?

气象学家用不同种类的仪器收集影响风暴的各种数据。世界各地的气象站都使用诸如风向标、气压计和雨量器等仪器来收集有关当地天气状况的数据。

许多地方的气象站都有多普勒雷达。多普勒雷达通过测量物体靠近或离开雷达探测器时的运动变化,来追踪风、雨的移动速度和方向等数据。

气象学家利用气象气球来收集高空大气的气象数据。气球上携带的仪器通过无线电波将气压、温度和湿度等数据传回地面接收站。气象学家通过监测气象气球的运动来收集气球所处高度上的风速和风向。

气象卫星从太空拍摄大气层的照片。气象卫星上,有一种相机可以拍摄陆地和海洋的热量图,还有一种相机可以拍摄云层覆盖情况的照片,并能追踪飓风的强度和位置。

卫星照片无法直接测定飓风的风速。气象学家需要进入飓风中,用仪器来收集这些数据。通过收集有关风速和气压的准确信息,他们能够更好地预测飓风的未来路径。

快速检测

因果关系 哪种仪器可以测量风暴的风速?

批判性思维 追踪近一年来的海洋温度变化有什么意义?

课后回顾

摘要

暴风雨和冬季风暴发生在两个温度、湿度各不相同的气团相遇时。

气旋，如飓风和龙卷风，是有低压中心和涡旋的风暴。

气象学家用不同的工具来收集相关天气变量的数据。

制作 折叠式学习卡

如图所示，制作一个折叠式学习卡，根据图中的标题总结你在本课中学到的相关知识。

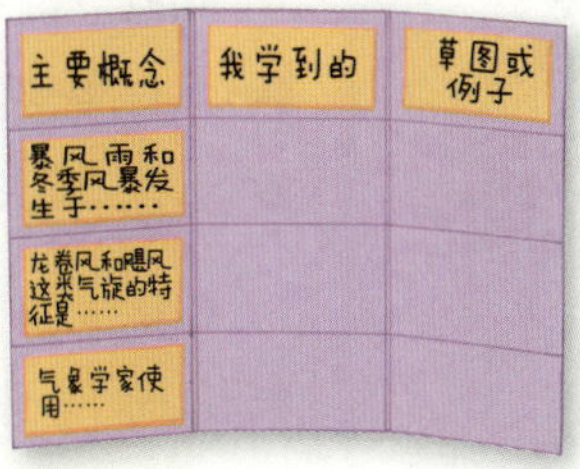

想一想，说一说，写一写

1. **词汇** 龙卷风和飓风都是________。
2. **因果关系** 飓风形成的原因是什么？

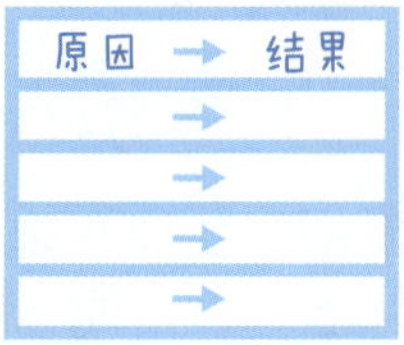

3. **批判性思维** 大多数暴风雨形成不了气旋的原因是什么？
4. **测试** 风暴潮是什么？
   A 涡旋型的风。
   B 海洋中的海水暴涨。
   C 有冻雨的冬季风暴。
   D 大范围的冷空气。
5. **测试** 下列哪种风暴有低压中心？
   A 雷暴　　B 冰暴
   C 龙卷风　　D 暴风雪
6. **基本问题** 导致极端天气的因素有哪些？

写作链接

故事性记叙文

如果你是一名气象学家，你的日常工作会有哪些？

社会链接

龙卷风的频率

研究并撰写一篇关于“龙卷风走廊”的报告，探讨生活在“龙卷风走廊”地区的人们应该为龙卷风的到来做哪些准备。

泥石流逃生记

4月15日

昨晚，雨下得很大。今天早上，我正准备去上学，突然听到了巨大的轰隆声和噼啪声。我们全家穿着睡衣跑出了房子。爸爸说："那一定是泥石流，我们必须到地势高一点的地方去。"

爸爸先让我们坐上汽车，然后开车到附近的一座山顶上。我们打开汽车收音机，新闻里说在我们家下方大约800米的地方，泥石流席卷着汽车和树木沿着公路倾泻而下，还有一些人在泥石流中受了轻伤，被立刻送往医院，所幸没有人受重伤。

在接下来的几个小时里，我们被禁止回到自己的房子里。一直到安全警报解除后，我们才能回家。幸运的是，我家的房子并没有受到很大的破坏。

泥石流的水和泥堵住了马路。

个人叙事写作

好的个人叙事写作需要：

- ▶从自身经历出发。
- ▶以第一人称的视角进行描述。
- ▶用时间词来表示想法和事件的顺序。

山坡上的岩石和树木被泥石流冲刷下来，挡住了道路。

写作

个人叙事写作 写一篇关于风暴、泥石流或其他你经历过的恶劣天气或自然灾害的记叙文。请用清晰的叙述顺序来描述你经历了什么以及你做了些什么。

看到闪电后，过几秒你就会听到雷声。雷声以每秒大约$\frac{1}{5}$英里（1 英里≈1609 米）的速度传播。当你看到闪电时，立即开始计时，算一算隔了多少秒你才听到雷声。如果你已经掌握分数的乘法，你就可以根据这些信息来计算出闪电与你之间的距离。

分数的乘法

- 将一个分数乘以一个整数，把整数写成分数形式，把它的分母设为1。
- 然后分子乘分子，分母乘分母。
- 约分。

解决问题

1. 隆隆的雷声需要 15 秒才能传到耳朵里。闪电距离我们有多远？
2. 在你看到闪电后 25 秒，你才听到雷声。闪电距离我们有多远？
3. 如果在听到雷声的 8 秒前，你看到了一道闪电，闪电距离我们有多远？

第4课

气　候

看一看，想一想

人们生活在世界上的不同地区，不同的地区，温度差异可能会很大。有些地方一年四季严寒，有些地方则一年四季炎热。是什么导致了这种差异？

探究活动

城市到海洋之间的距离对城市的气温有什么影响？

做出假设

加利福尼亚州的圣弗朗西斯科比斯托克顿更靠近太平洋，预测一下海洋与城市之间的距离对一个城市的温度有什么影响。

验证假设

1. 根据图表中的温度数据，比较这两个城市每月的高温情况。
2. 根据图表中的温度数据，比较这两个城市每月的低温情况。

得出结论

3. **解释数据** 一年之中，哪座城市的气温变化较大？哪座城市的气温变化较小？
4. **推理** 海洋对这些城市的气温变化有什么影响？
5. **交流** 写一份报告，解释这两个城市的数据为什么支持（不支持）你的预测。如何利用更多城市的数据来提高预测的准确性？

进一步探究

写一篇预测，解释地理位置更靠近海洋对其他天气变量有什么影响。收集和比较两个城市的天气数据，写一份报告解释为什么这些数据能支持（不支持）你的预测。

平均高温（℃）		
月份	圣弗朗西斯科	斯托克顿
1	13.2	11.9
2	15.1	15.8
3	16.3	18.8
4	17.7	22.7
5	19.3	27.2
6	21.1	31.3
7	21.9	34.5
8	22.3	33.6
9	23.0	31.2
10	21.2	25.8
11	17.2	17.9
12	13.6	12.1

平均低温（℃）		
月份	圣弗朗西斯科	斯托克顿
1	5.8	3.2
2	7.2	4.7
3	7.8	5.9
4	8.7	7.8
5	10.1	10.9
6	11.4	13.9
7	12.2	15.8
8	12.7	15.4
9	12.6	14
10	11.0	10.1
11	8.5	5.7
12	6.2	3.1

读一读，学一学

基本问题
决定一个地区气候的因素有哪些?

词汇
气候
洋流
雨影区
厄尔尼诺

阅读技能
分类

什么是气候?

天气每天都在变化，但是一个地区全年的天气变化往往具有一定的规律。例如，在美国华盛顿州的西雅图，每年的 11 月到来年 3 月降雨比较频繁，这里全年白天的温度都比较温和。

西雅图的气候湿润、温和。**气候（climate）**是指一个地区大气活动的长期平均状况。虽然也需要考虑其他天气因素，但是平均温度和降水量是决定气候最重要的变量。不同的地区、不同的时间和不同的地点的气候往往各不相同。

因为日照对温度的影响，所以纬度对气候的影响最大。在全球范围内，美国主要处于温带，但是还可以被划分为更具体的地方气候带。

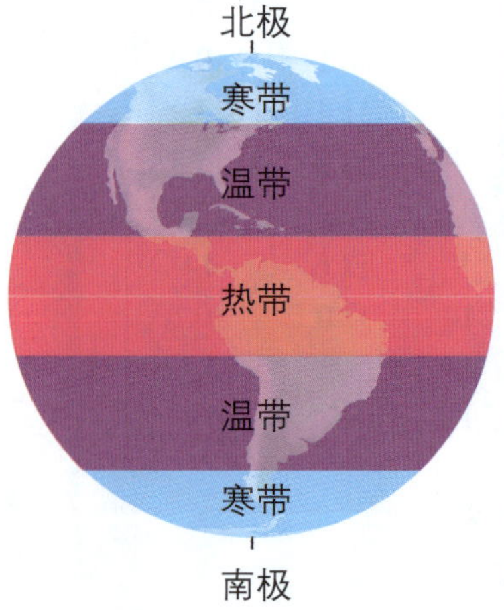

气候带

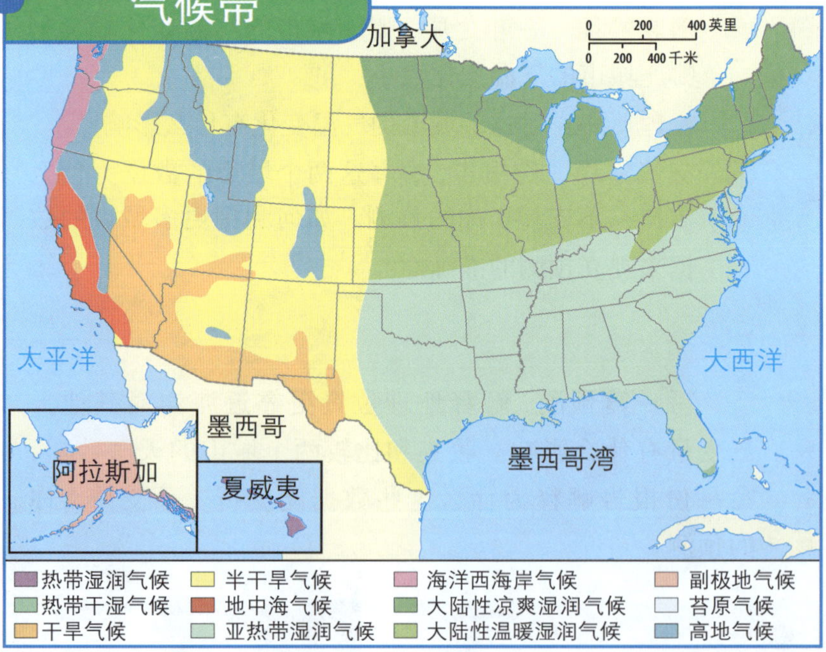

气候带对应的植被类型

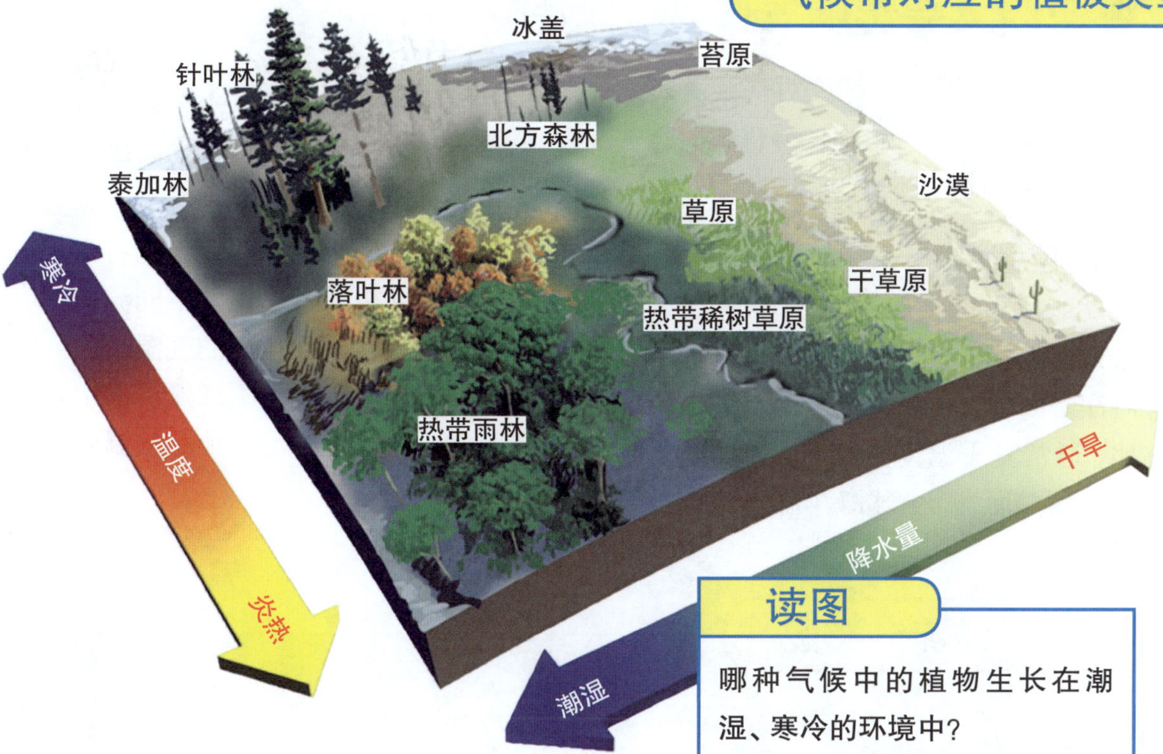

读图

哪种气候中的植物生长在潮湿、寒冷的环境中？

线索 根据图两边的标尺来寻找寒冷和潮湿的气候。

还有一种气候分类方法是通过这个地区的植被来描述的。每种植物都需要独特的生长条件，例如日照量、降水和温度。因此，可以通过当地的植被类型来推断这个地区的气候状况。

许多科学家担心全球气候变暖问题。当地面在夜间降温时，地球表面吸收的太阳能会被辐射回大气中。这些辐射的热能大部分被温室气体吸收。温室气体包括水蒸气、二氧化碳和甲烷等。被温室气体吸收的部分热量会重新辐射回地面，使地球变暖。

化石燃料燃烧时，会释放温室气体。树木燃烧也会增加大气中的二氧化碳含量。随着大气中温室气体含量的增加，更多的热量辐射回地球。这会导致全球气温缓慢上升。

快速检测

分类 美国墨西哥湾附近各州的气候是怎么样的？

批判性思维 你住的地方气候是怎么样的？

哪些因素会影响气候?

我们已经学过，纬度对气候有影响。海陆位置、洋流、风、海拔和山脉等因素也可能影响一个地区的气候。

海陆位置

地球上的大部分地区都覆盖着水，但是大陆上的某些地区可能远离海洋。内陆城市的温度与海滨城市相比，通常夏季温度更高、冬季温度更低。相对而言，全球海洋温度的全年温差较小。

洋流

洋流（current）是一种持续性的大规模海水运动。墨西哥湾暖流沿着美国东海岸逆流而上，穿过大西洋，把赤道附近温暖的海水带到两极。其他洋流，如加利福尼亚寒流，则将寒冷的海水从两极带到赤道。不同温度的洋流会影响附近陆地上的气温。例如，墨西哥湾暖流使得不列颠群岛上气候温和，而靠近寒流的地区气温则往往较低。

世界洋流分布图

读图

沿赤道流动的洋流温度如何?

线索　沿着赤道找洋流，然后对照图例确定它们的温度。

迷你实验

气候和雨影区

1. **建立模型** 火奴鲁鲁和凯鲁瓦位于夏威夷山脉的两侧。为了比较山脉两侧地区的气候差异，你需要哪些天气信息？

城市	年平均温度（℃）	年平均降水量（mm）
火奴鲁鲁	25	256.5
凯鲁瓦	21	3021.8

2. 哪个地方降水更多？
3. 哪个地方更温暖？
4. **推理** 哪个城市位于山脉的迎风坡？
5. **推理** 哪个城市位于雨影区？

山脉

山脉会影响降水模式。当暖湿空气沿山坡抬升时，它会不断冷却，水蒸气凝结成小水滴后在山坡的迎风面产生降雨。而到达山坡另一面的空气则通常会变得很干燥。背风坡的干燥地区被称为**雨影区（rain shadow）**。

风

水蒸气从赤道附近的暖流中蒸发，风把水蒸气从赤道带到较冷的地区，水蒸气凝结会释放热量。全球风带还会推动气团和锋面的移动。

海拔

海拔越高，天气越凉爽。在赤道附近的高山山脚，你会发现那里生长着热带植物。但到了山顶，你可能会看到终年不化的积雪。

快速检测

分类 如果山脉一侧的空气干燥、炎热，那么这一侧是迎风坡还是背风坡？

批判性思维 墨西哥湾暖流附近的沿海地区降水量怎么样？

什么是厄尔尼诺?

大多数时候，秘鲁沿海的寒流使得那里的海水冰凉，形成了东太平洋的高压区。而在西太平洋，那里海水温暖，形成了低压区。所以在太平洋上，风通常是从东往西吹的。

每隔2～7年，这股寒流会减弱，没有办法再使得底层寒冷的海水涌到海面上。这就导致了**厄尔尼诺（El Niño）**现象。

在厄尔尼诺期间，秘鲁附近的海面水温升高，气压下降。气压的变化可能导致风向逆转，变成由西向东吹。这种风吹动表层海水运动，并会导致北美洲和南美洲西部沿海出现比往常更高的潮汐。这种风还会吹来潮湿的空气，从而导致暴风雨。

寒流有时也会增强，导致大范围寒冷的底层海水上涌到表层，在这种情况下，西太平洋的气压降低，东太平洋的气压升高。结果导致南美洲的天气干燥，而澳大利亚的天气则变得潮湿。这种与厄尔尼诺现象相反的天气条件的变化叫作**拉尼娜**现象。

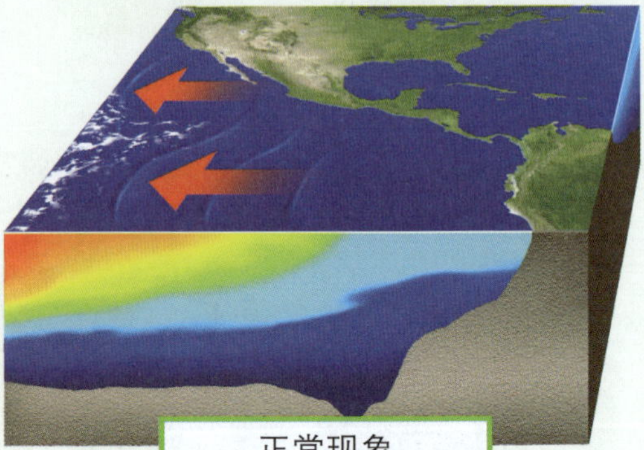

正常现象

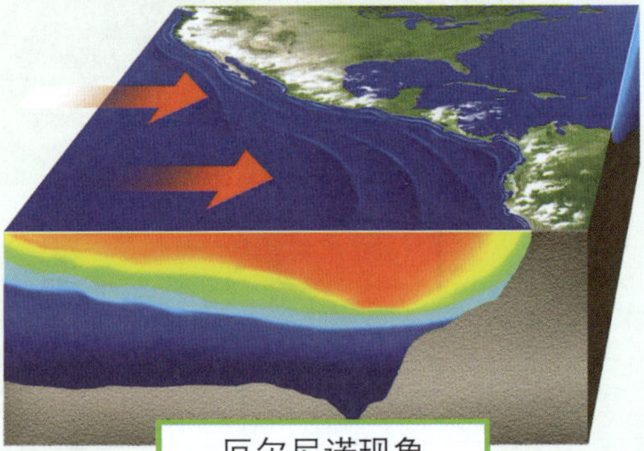

厄尔尼诺现象

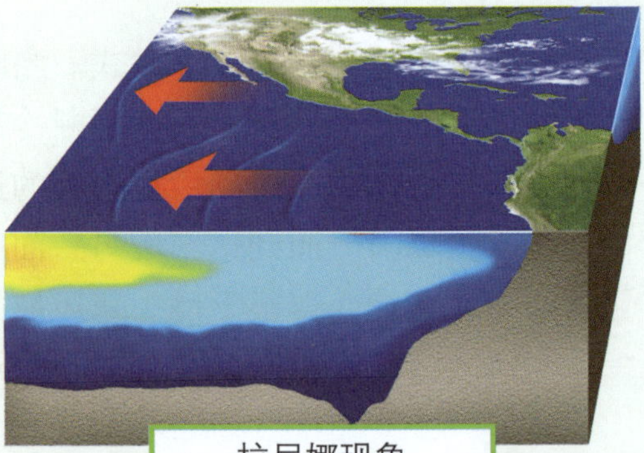

拉尼娜现象

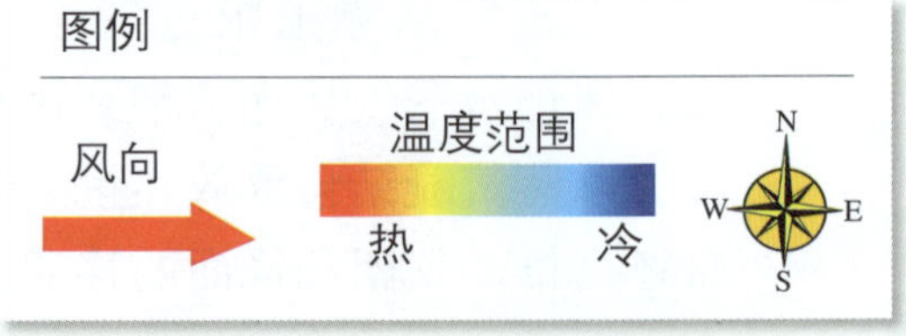

快速检测

分类 如果秘鲁海岸的气压很低，会出现什么样的天气?

批判性思维 厄尔尼诺现象发生时，澳大利亚的天气是怎么样的?

课后回顾

摘要

	通过当地的植被可以判断其气候类型。
	山脉的雨影区通常气候干燥。
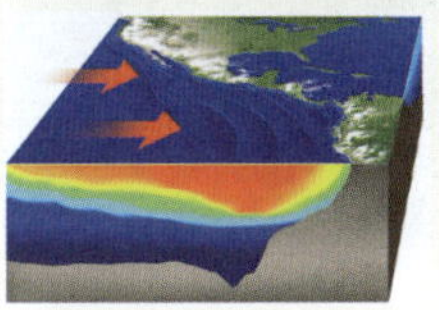	厄尔尼诺现象导致了北美、南美和澳大利亚的气候变化。

制作 折叠式学习卡

如图所示，制作一个折叠式学习卡，并根据图中给出的标题，在内页中总结你本课所学的相关知识。

想一想，说一说，写一写

1 **词汇** 一个地区长期的天气平均状况叫________。

2 **分类** 如果秘鲁沿岸的寒流增强，底层海水上翻，会出现什么样的天气？如果减弱呢？

3 **批判性思维** 画出正常情况下太平洋的洋流情况，然后画出厄尔尼诺和拉尼娜现象出现时太平洋的洋流情况。

4 **测试** 大规模的海水的持续运动叫什么？

A 降水　　B 厄尔尼诺

C 潮汐　　D 洋流

5 **测试** 下列哪个因素不属于影响地方气候的变量？

A 经度　　B 海拔

C 纬度　　D 洋流

6 **基本问题** 决定一个地区气候的因素有哪些？

数学链接

平均气温

找出你所在地区去年的气温数据。根据数据计算出每个月的平均气温，然后制作一张图表比较气温的变化。

社会链接

厄尔尼诺和拉尼娜现象的影响

搜集并撰写一篇关于厄尔尼诺和拉尼娜现象是如何影响不同地区人们生活的报告。

给博物馆的一封信

美国自然历史博物馆的科学家不仅要研究自然界，还要研究自然界中的人类活动。他们收集了来自世界各地的故事和物品。阅读下列信件，找出气候对不同国家的孩子们有什么影响。

6月13日

亲爱的博物馆的科学家：

您好！现在是加利福尼亚州棕榈谷的旱季，最近天气真的非常热！我们这儿已经好几个星期没下雨了。

从5月到11月，这里的降水量很少，我们需要从其他地方运水喝。人们必须小心翼翼地用水，餐馆里，只有客人提出需要，他们才会提供水。

有些居民会在他们的房子周围种仙人掌和灌木。这些植物需要的水比绿茵茵的草坪少得多。我和妹妹一起在家门口种了墨西哥胡椒和南瓜。晚上，我们会给植物浇水，这样白天炎热的阳光才不会把植物晒干。

查尔斯

旱季，查尔斯需要经常给植物浇水。

6月23日

亲爱的博物馆的科学家：

您好！季风给我们带来了潮湿的天气。这里的一切都湿透了！这里的雨季从5月一直持续到10月。暴雨来临的时候，降水量能达几十厘米，但是每次的暴雨也就持续1小时左右。这里的天气非常炎热，所以我们不介意被淋湿，而且这也非常好玩，反正雨一停，很快就变干了。

我们的农田在越南的湄公河附近。水灌溉稻田，滋润水稻生长，但是稻田泥泞，举步维艰。我们把稻谷装在箩筐中，然后背回家。

这里的人们已经习惯了水。我们把房子造成吊脚楼，这样水就流不进来了。我们乘船出行，在水上市场出售大米。有些年份，水甚至多到超乎我们想象！

旺

越南的箩筐。

比对和对比

- 比对，找到事物之间的相似之处。
- 对比，找到事物之间的不同之处。

写作

比对和对比

1. 与湄公河附近的天气相比，棕榈谷的天气怎么样？
2. 查尔斯和旺会做哪些相同的活动？

AMERICAN MUSEUM OF NATURAL HISTORY

第1章 复习和测试

摘要

第 1 课 太阳的热能改变了气压，并导致了风。

第 2 课 空气中的水蒸气会形成云、雾、雨、冰雹、雨夹雪或雪。气团和锋面的移动也会影响天气。

第 3 课 风暴是气团之间碰撞形成的。

第 4 课 一个地区天气的一般模式决定了这个地区的气候。

制作 折叠式学习卡

把每节课后的折叠式学习卡放在一起，并用它来复习本章你所学的相关知识。

词汇

DOK 1

选择下列词汇填空，每个词汇限用一次。

气压计	全球风带
气候	湿度
洋流	风暴潮
气旋	天气
锋面	天气图

1. 特定地区、特定时间的天气状况可以在________中反映出来。
2. 飓风引起海平面异常升高，导致了________。
3. 两个气团之间的分界叫________。
4. 一个地方长时间的一般天气状况叫________。
5. 空气中水蒸气的含量叫________。
6. 大规模的持续的海水运动叫________。
7. 某地短时间内对流层的大气状况叫________。
8. 有低压中心和涡旋的风叫________。
9. 测量气压的工具叫________。
10. 大范围稳定的大气环流叫________。

科学技能和科学概念

DOK 2～3

请回答下列问题。

11. 下列哪种云层形成时所处的海拔最高？

A 积云　B 卷云　C 层云　D 雾

12. 北美地区的锋面系统基本上都向哪个方向运动？

A 从南到北　B 从北到南

C 从东到西　D 从西到东

13. 下列对爬山时气压变化的描述中，哪项是正确的？

A 气压不变　B 气压变大

C 气压减小　D 气压频繁变化

14. 判断正误　*天气预报永远正确。*这个说法对吗？请解释你的答案。

15. 分类　下图表示哪种极端天气？说出你的理由。

16. 中心思想和论据　太阳是如何影响地球上的天气的？

17. 交流　假设你要送朋友一个风向袋。请写下风向袋的工作原理和使用方法。

18. 批判性思维　为什么人们会担忧厄尔尼诺？

19. 个人叙事写作　写一篇关于你或你的家人在风暴来临前如何做准备的记叙文。你们会怎样保证自身安全？有需要必备的特殊物资吗？如果你从未经历过风暴天气，写一写如果风暴将要来临，你会作何准备。

大概念

20. 我们怎样预测天气？

表现性评价

DOK 4

做一名天气观察员

活动步骤

1. 在每天的相同时间记录当天的气温、降水与云层情况，坚持一周。
2. 用表格整理你记录的每日最高气温和最低气温，以及降水量和云层状况。
3. 将你记录的每日最高气温和最低气温画成折线图。

分析结论

▶ 总结一下你所在地区这一周的天气变化模式。

测 试

1 下图中，每个区域上方的空气柱用箭头表示，其中哪个地方的气压最小？
DOK 1

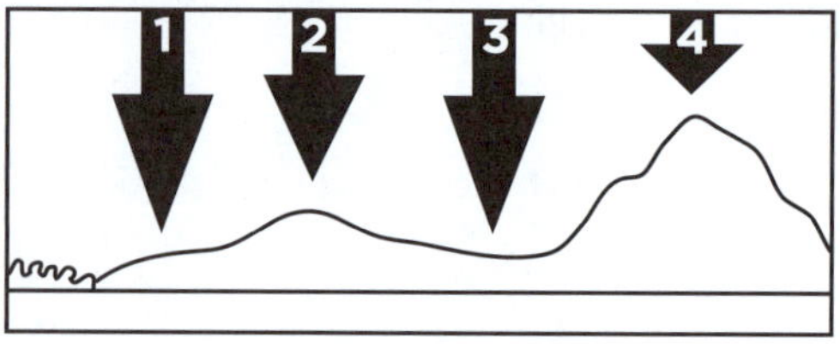

A 1　　B 2
C 3　　D 4

2 气温升高时会发生下列哪种情况？
DOK 1

A 空气中的微粒扩散开
B 空气变重
C 气压增加
D 空气分子运动速度减速

3 下图表示哪种云？
DOK 1

A 雾　　B 卷云
C 层云　　D 积云

4 当强雷暴云中的雨滴与冰晶碰撞时，形成的降水类型是什么？
DOK 1

A 雨夹雪　　B 雨
C 冰雹　　D 雪

5 为什么冬季沿海地区的气温比内陆地区更高？
DOK 1

A 冬季的海水使空气变暖。
B 冬季的海水使空气变冷。
C 冬季的沿岸陆地使空气变暖。
D 冬季的沿岸陆地使空气变冷。

6 根据下面天气预报中的场景回答问题。

你认为天气预报员会怎么预报接下来的天气？
DOK 2

A 风暴天气
B 高温天气
C 天气没有变化
D 干燥、晴朗的天气

7 在有风时，图示工具中的杯子会发生旋转，这个工具最有可能用于测量哪种天气信息？
DOK 1

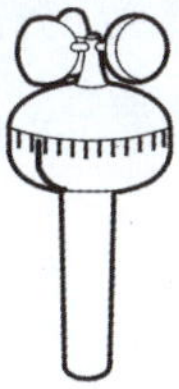

A 风向　　B 风速
C 降水量　　D 气压

8 根据表格回答问题。

城市	一月的平均气温（℃）	年平均降水量（mm）
纽约州奥尔巴尼	－5.4	980
得克萨斯州奥斯汀	10.1	850
科罗拉多州丹佛	－3.3	230
内华达州里诺	1	190

根据表格，你可以得出什么结论？
DOK 2

A 纽约州奥尔巴尼的冬季很冷，降雪频繁。
B 得克萨斯州奥斯汀的冬季很冷，雨水稀少。
C 科罗拉多州丹佛的冬季很温暖，没有降雪。
D 内华达州里诺的冬季很凉爽，降雪和降雨频繁。

9 地球上几乎所有的天气活动都发生在大气层的哪一层？
DOK 1

A 对流层　　B 平流层
C 中间层　　D 热层

10 背风坡的天气怎么样？
DOK 1

A 比迎风坡更温暖、潮湿。
B 比迎风坡更寒冷、潮湿。
C 比迎风坡更温暖、干燥。
D 比迎风坡更寒冷、干燥。

11 在海滩度假时，你会体验到下图所示的风。是什么原因产生了这样的风？解释这种风是怎样形成的。
DOK 2

12 比对和对比高压系统和低压系统，描述每种系统中风的运动、湿度的变化以及该系统下的天气状况。
DOK 2

检　查

问题	对应页码	问题	对应页码
1	27	7	34
2	28	8	68 ～ 69
3	40 ～ 41	9	26
4	42	10	71
5	70	11	32
6	46 ～ 47	12	46 ～ 47

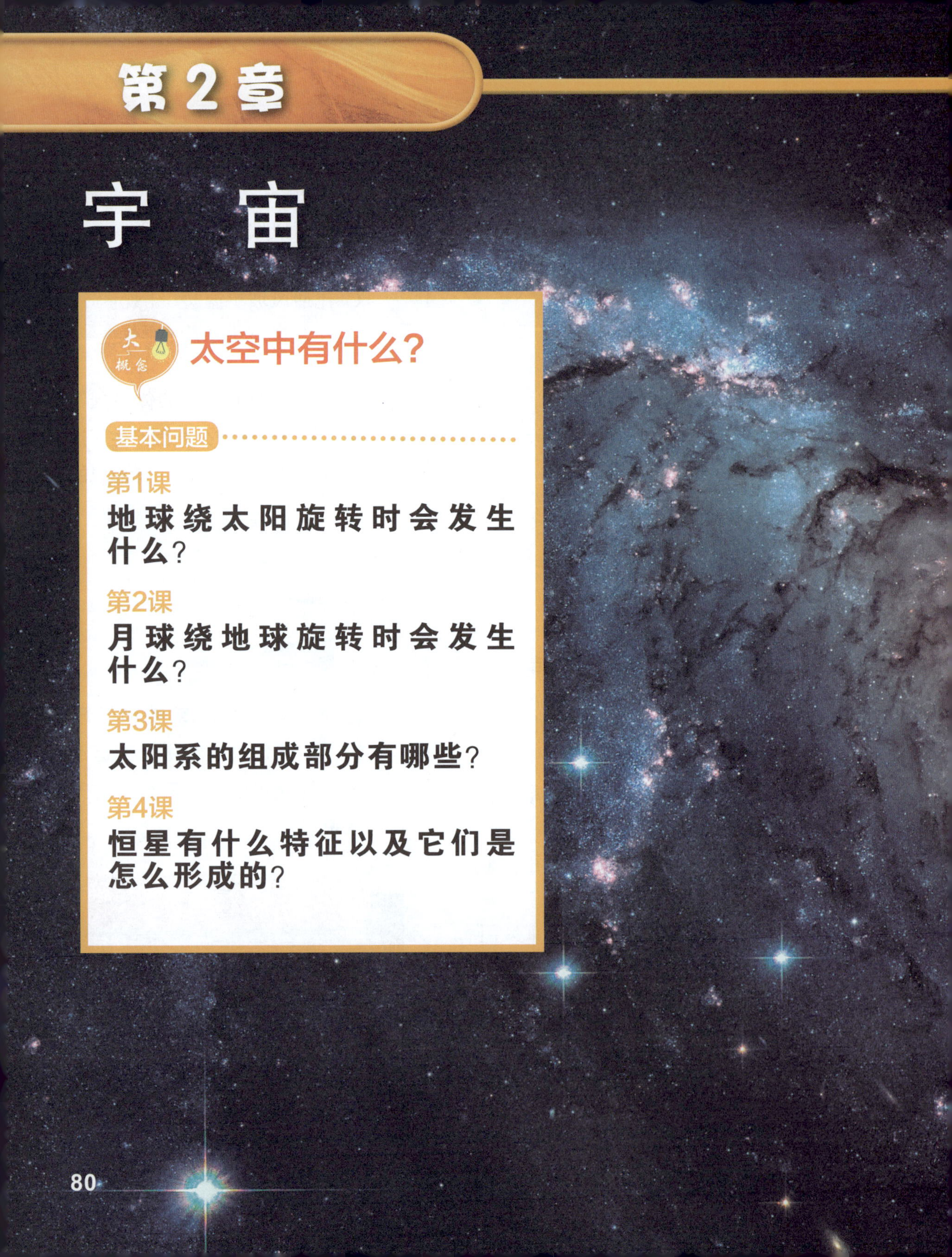

第2章

宇宙

大概念

太空中有什么？

基本问题

第1课

地球绕太阳旋转时会发生什么？

第2课

月球绕地球旋转时会发生什么？

第3课

太阳系的组成部分有哪些？

第4课

恒星有什么特征以及它们是怎么形成的？

大概念

核心词汇

行星 围绕恒星旋转的大型天体。

月球 围绕地球旋转的天体。

卫星 宇宙中围绕行星旋转的自然或人造天体。

彗星 围绕太阳运转的天体，主要由冰冻的水、气体、岩石和尘埃组成。

恒星 宇宙中本身能辐射能量（如光和热）的天体。

星系 无数恒星以及星际物质组成的天体系统。

第1课

地球和太阳

看一看，想一想

地球已经绕着太阳旋转了 46 亿年。是什么让地球绕着太阳旋转如此之久？

探究活动

地球为什么能绕着太阳旋转？

做出假设

如果你放开一个正在做圆周运动的球，球会朝哪个方向运动？把你的答案以“如果我在一个点放开正在做圆周运动的球，球会……”的形式写下来。

验证假设

1. **建立模型** 把网球放在布中间，收紧布片，把网球包好后用绳扎紧，做成一个荷包袋。
2. **△小心！** 握住绳子的另一端，身体略微前倾，让网球在脚边做圆周运动。
3. **观察** 松开绳子，观察球的运动路径。
4. 把松手后网球的运动路径画下来。
5. 在网球做圆周运动到不同的位置时再松手，观察网球的运动路径。重复实验 3 次，球分别往什么地方运动了？

得出结论

6. 这个实验结果支持你的假设吗？请解释你的答案。
7. 这个活动模拟了地球围绕太阳旋转的运动，你、球和绳子分别代表什么？

进一步探究

如果用一个更轻的球来重复这个实验，你觉得结果会变成什么样？提出新的假设，进行实验，记录下你的数据并写成报告。

实验材料

- 网球
- 布
- 绳子
- 坐标纸

步骤 1

步骤 2

读一读，学一学

基本问题

地球绕太阳旋转时会发生什么？

词汇

引力

轨道

惯性

公转

自转

阅读技能

事实和观点

事实	观点

什么是引力？

太阳系中的每颗行星都在引力的作用下，绕着太阳运转。**引力（gravity）**是任何两个有质量的物体之间的吸引力，或者说拉力。引力的大小受两个物体的质量和它们之间的距离的影响。当两个物体的总质量减少，或者彼此间距离增大时，引力也会变小。

让我们来比一比你在地球上受到的引力和在月球上受到的引力有什么区别。首先，无论你在哪里，你的质量是不变的，但是地球的质量远大于月球的质量，所以你在地球上受到的引力大于你在月球上受到的引力。事实上，月球的引力只有地球的大约六分之一。

两个物体不用相互接触就能产生引力，比如地球和太阳之间的距离大约是 1.5 亿千米，冥王星与太阳之间的距离大约是 60 亿千米，尽管相隔遥远，但它们之间仍然存在引力。由于冥王星与太阳之间的距离更遥远，所以冥王星与太阳之间的引力要小于地球与太阳之间的引力。

在这张照片中，你可以看到宇航员在月球上跳跃的高度。他在月球上跳得比地球上更高，因为月球的引力大约只有地球的六分之一。

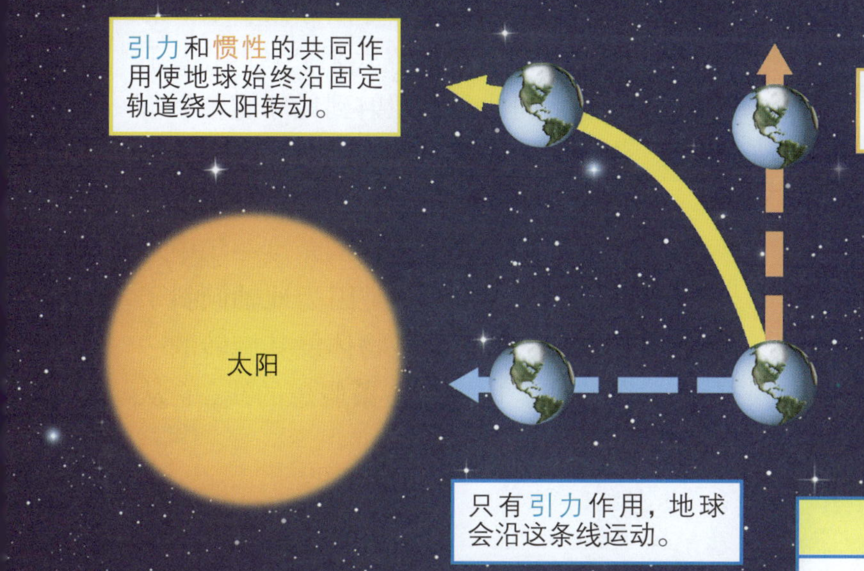

读图

哪个力把地球拉向太阳？

线索 看看哪个箭头指向太阳。

太阳与行星之间的引力使得行星都在其轨道上绕太阳运转。**轨道（orbit）**是指一个物体绕另一个物体运动的路径。

如果引力是作用在行星上唯一的力，那么行星就会被拉向太阳。是什么阻止了这种情况发生呢？所有物体都有一种被称为惯性的固有属性。**惯性（inertia）**指物体有保持原有运动状态的趋势。

地球绕太阳运转时，受引力作用，它被拉向太阳，同时，由于惯性，地球又有逃离太阳的趋势。在引力和惯性的共同作用下，地球在近乎**椭圆**形的轨道上绕太阳转动。

地球和太阳之间的距离并不是一成不变的。离太阳最近时，两者之间的距离约 1.47 亿千米；离太阳最远时，两者之间的距离约 1.52 亿千米。这 500 万千米的差距表明，地球的轨道近似于圆形，但不是一个完美的圆形。

快速检测

事实和观点 *宇航员在月球上跳得比在地球上更高。*这是事实还是观点？

批判性思维 如果太阳突然消失，行星会朝哪个方向运动？解释原因。

四季是怎么形成的?

当你在阅读这本书的时候，你可能觉得自己坐着没动，但实际上，你正以每秒 30 千米的速度在宇宙中穿梭。这个速度就是地球绕太阳公转的速度。

地球的轨道长约9.24亿千米。地球绕太阳公转一周需要多长时间？**公转（revolution）**是指地球沿着轨道绕太阳旋转一周。地球转完这样一周需要一年，准确地说是$365\frac{1}{4}$天。

在一年之中，你会看到地球上的季节变化。是什么原因导致了季节的变化呢？当地球绕太阳公转时，太阳光以不同的角度照射到地球的各个角落。太阳光照射角度的变化导致了季节的变化。

太阳光照射地球的角度一年中之所以会发生变化，是因为地轴倾斜了约 23°。**轴**指的是物体绕其旋转的一条直线。地轴是一条假想的线，它从南北两极贯穿地球。

北半球的四季

非按比例绘制

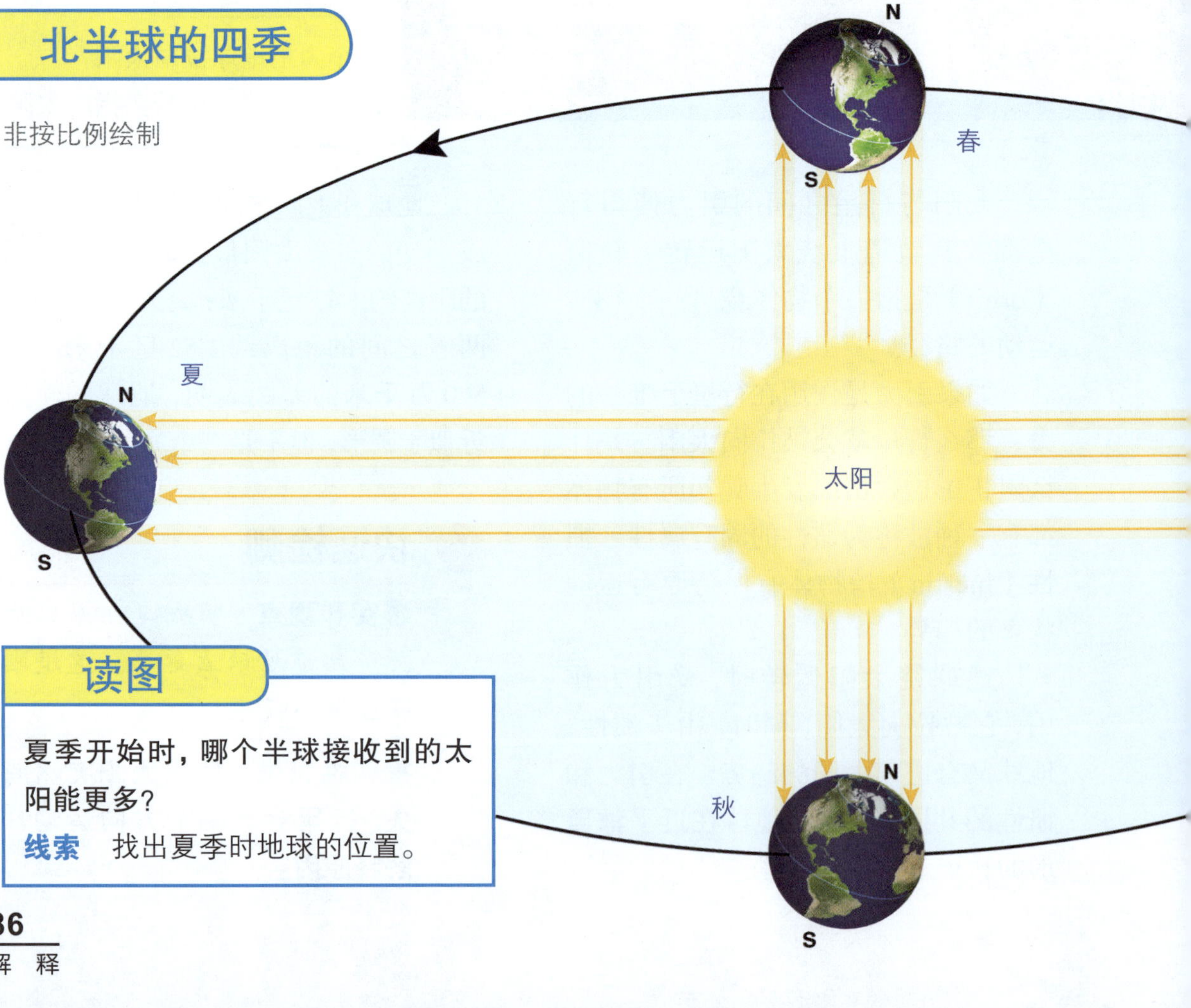

读图

夏季开始时，哪个半球接收到的太阳能更多？

线索 找出夏季时地球的位置。

当地球绕太阳旋转时，倾斜的地轴总是指向同一个方向。当北半球远离太阳时，北半球接收不到太多的热量，温度降低，这时北半球是冬天。

与此同时，南半球向着太阳，所以太阳辐射更集中，南半球接收到更多的热量，温度也更高，此时正处于夏季。

由于倾斜的地轴固定指向同一个方向，所以北半球和南半球的季节总是相反的。但是在春季和秋季，两个半球接收到的太阳辐射是相同的，所以这两个季节的温度都适中。

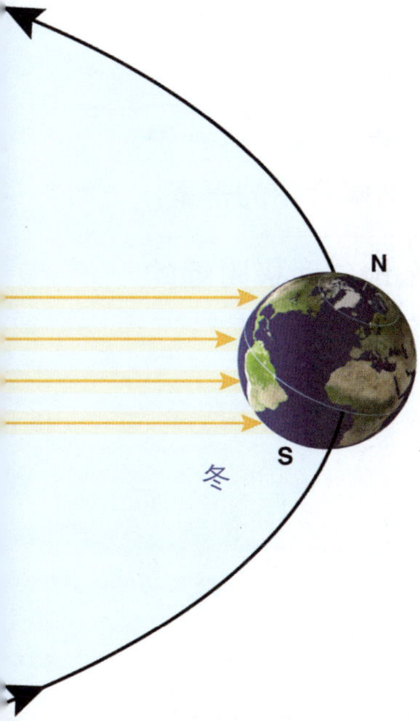

迷你实验

季节与倾斜的地球

1. 用黏土做一个球，用它来表示地球。然后再做一个底座。
2. △小心！ 用一根牙签小心地穿过球体，表示地轴。然后用铅笔在球体中间画一条线，表示赤道。

3. 先将球竖起来，即让牙签垂直于地面。然后慢慢倾斜球体，使牙签倾斜约23°，再把牙签的下端插在底座上。
4. **观察** 用手电筒水平照射黏土球，然后拿着手电筒走到牙签上端倾斜方向的背面。描述此时光照在黏土球上有什么特点，这时候北半球和南半球各是什么季节。
5. **观察** 继续用手电筒照射黏土球，然后走到牙签上端正对你的位置。描述此时光照在黏土球上有什么特点，这时候北半球和南半球各是什么季节。

快速检测

事实和观点 写出地球上四季变化的原因。

批判性思维 北半球处于秋季时，南半球是什么季节？

真相 与7月份相比，1月份的地球离太阳更近。

为什么会出现白天和黑夜的交替？

你正以30千米/秒的速度跟着地球绕太阳公转。与此同时，你也正以1600千米/时的速度跟着地球自转。**自转（rotate）**是地球绕着地轴完整地旋转一周。地球自转一周需要一天，或者说24小时。

不管在什么时候，地球上总有一半地方面向太阳，这一面就是白天。同时，另一半背离太阳的地方就是黑夜。

因为地轴倾斜的原因，一年之中白天和黑夜的时长会发生变化。如果地轴没有倾斜，那么一年到头白天和黑夜的时长都是 12 个小时。但事实上，夏季的白天时间较长而夜晚时间较短，而冬季则相反。

地球转得如此之快，你怎么没感到头晕目眩呢？你感觉不到地球在转动，是因为你与地球在一起运动。这就好比有一辆在平稳的公路上飞驰的汽车，你坐在车里，闭着眼睛，甚至感受不到车在行驶，也不知道你自己在移动。

观察天空中的物体，如太阳时，你会发现，它似乎总是从东方升起，在西方落下的。这是这些物体的运动表象，而不是它们真实的运动情况。当地球自西向东旋转时，天空中的物体似乎就朝着与地球运动方向相反的方向运动。

地球的自转

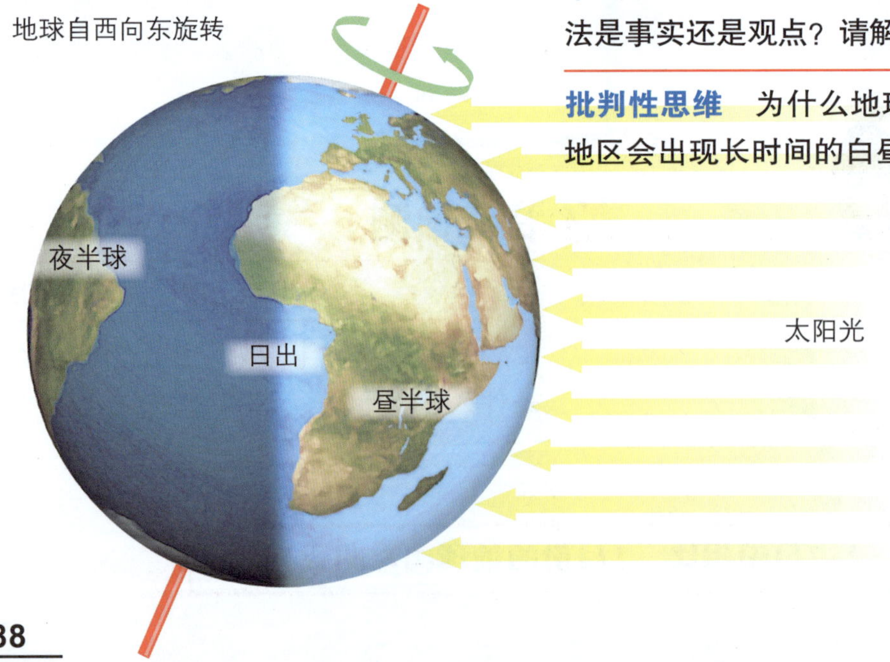

快速检测

事实和观点 *太阳东升西落。*这种说法是事实还是观点？请解释你的答案。

批判性思维 为什么地球两极附近的地区会出现长时间的白昼或黑夜？

课后回顾

摘要

	引力的大小取决于两个物体的质量，以及它们之间的距离。
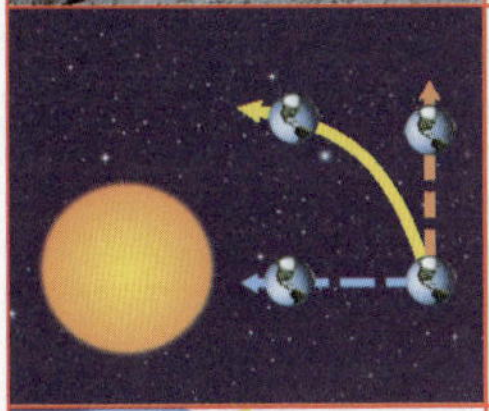	天体受引力和惯性的共同作用而保持在轨道上运动。
	由于自转，地球上出现了昼夜交替。

制作 折叠式学习卡

如图所示，制作一个折叠式学习卡，并根据图中的标题，在内页写出与该标题相关的事实。

想一想，说一说，写一写

1. **词汇** 物体保持其直线运动的趋势叫________。
2. **事实和观点** *地球上的一天是24小时。* 这个说法是事实还是观点？请解释你的答案。

事实	观点

3. **批判性思维** 地球的哪种运动导致了白天和黑夜的交替？
4. **测试** 让地球保持在固定轨道上绕太阳旋转的原因是什么？
   A 拉力和压力　B 推力和惯性
   C 引力和惯性　D 压力和引力
5. **测试** 地球公转一周需要多久？
   A 一天　B 一周
   C 一月　D 一年
6. **基本问题** 地球绕太阳旋转时会发生什么？

数学链接

估算地球的质量

太阳的质量大约是地球的330000倍。如果你制作的太阳模型的质量是1000千克，那么你要做的地球模型的质量是多少？

健康链接

失重

写一份调研报告，描述一下太空重力不足对人类的影响，以及宇航员会如何应对这些问题。

探究技能：处理数据

科学家在处理数据（use numbers）时，会使用加、减、乘、除等运算，还有计数或排序等统计方法来整理和解释数据。

太阳系中，每颗行星的轨道半径都不一样，这意味着每颗行星绕太阳旋转一周所需的时间也不同。行星轨道越长，公转时间也越长。如果生活在地球之外的另一颗行星上，你的年龄会是多大呢？

▶ 学习

行星绕日公转时间图上列出了每颗行星公转所需要的时间（以地球上的天为单位）。科学家通过处理数据来比较太阳系八大行星绕日公转一周所需的时间。你可以直接把其他行星的公转时间除以地球的公转时间，来得出它们之间的关系。

例如，地球绕太阳一周需要约 365 天，火星需要约 687 天。如果用火星公转一周的时间除以地球公转一周的时间，结果约是 1.88。这表示火星要花地球将近 2 倍的时间完成它的公转。

如果你在地球上是 13 岁，那么在火星上你的年龄是多少？火星的公转时间与地球的公转时间之比是 1.88 : 1。用你在地球上的年龄除以这个比率，就能得出你在火星上的年龄了。

行星	公转（天）	$\frac{\text{其他行星公转时间}}{\text{地球公转时间}}$	行星上的年龄
水星			
金星			
地球	365	1	13
火星	687	1.88	7
木星			
土星			
天王星			
海王星			

行星绕日公转时间图（单位：天）

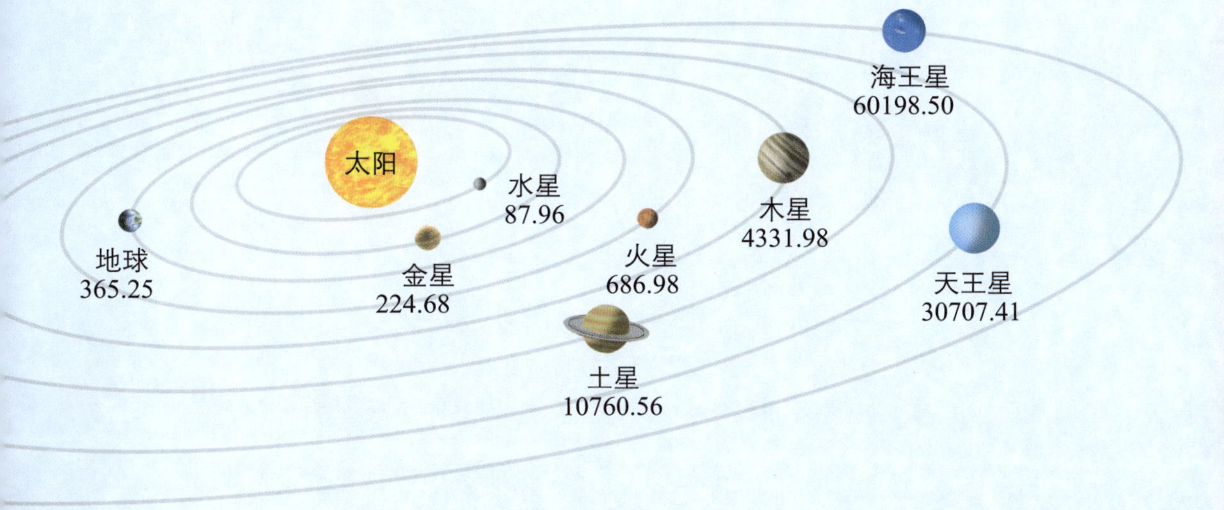

▶ 尝试

1. 制作一个如上页图所示的表格，在表格中记录各个行星的公转数据。
2. **处理数据** 计算地球与其他行星公转时间的比率。
3. 如果你在地球上是30岁，那么你在火星上的年龄是多少？

▶ 应用

1. **处理数据** 估算以你现在的地球年龄，在其他行星上各是多少岁？
2. 在哪颗行星上你的年龄最大？哪颗行星上你的年龄最小？
3. 你能从行星的公转时间和年龄中推断出哪些信息？

第2课

地球和月球

看一看，想一想

如果你连续一个月每天晚上都观察月亮，你会发现，月亮的形状好像一直都在变化。为什么月亮的形状会不断发生变化呢？

探究活动

为什么月亮的形状看起来在变化？

材料

- 台灯
- 球

实验目的

模拟从地球上观察到的月相变化。

实验步骤

1. **建立模型** 你代表一位地球上的观察者，请一位同学用一盏台灯表示太阳，另一位同学用一个球表示月亮。
2. 在昏暗的房间中，与拿灯的同学面对面站好，然后让拿球的同学站在你和台灯之间。
3. **观察** 打开台灯，看看球的表面被照亮了多少？把你的观察结果记录下来。
4. **观察** 让拿着球的同学绕着你转八分之一圈，看着球，把你的观察结果记录下来。
5. 重复步骤4，直到你的同学回到起点为止。

得出结论

6. 从地球上看，为什么月亮的形状会发生变化？
7. 在这个实验中，表示月亮的球的形状发生了什么变化？

步骤3

进一步探究

在球的一个半面做标记。重复这个实验，同时始终使有标记的那一面朝向灯光。有标记一面和无标记一面各接受了多少太阳光？

读一读，学一学

基本问题

月球绕地球旋转时会发生什么？

词汇

月相

日食

月食

潮汐

阅读技能

排序

首先 → 其次 → 最后

可以看到月球表面有环形山、月溪、月海和山脉。

月球表面是什么样的？

1969 年 7 月 20 日，宇航员尼尔·阿姆斯特朗成为第一个在月球上漫步的人。阿姆斯特朗给地球发回了这样一则信息：“月球表面颗粒细小，呈粉末状……就像美国的大部分沙漠一样。”

月球上没有大气层。由于没有大气，月球上没有风，没有天气现象，也没有阻挡太阳辐射和可供宇航员呼吸的空气。月球表面的温度可以高达 123℃，也可以低至－233℃。

来自地球的宇航员在月球上如何生存？他们身穿宇航服，使自己免受月球上的温度和辐射的影响，还随身携带氧气瓶来保证呼吸。

月球表面的环形山是数十亿年的时间里，宇宙中的陨石撞击月球表面形成的。月球表面有广阔的平原。早期的天文学家称这些平原为“maria”，这是一个拉丁词，意为“**月海**”。在月球表面有沟槽，它们是月球上的山谷或**月溪**。月球表面也有山脉，月球上的山脉可以高达数千米。

月相

从地球上看，你只能看到月球表面被太阳光照亮的部分。如果你从太空中看月球，你会发现，月球被照亮的总是面向太阳的那一面。当月球绕着地球旋转时，被月球表面反射的光的数量会发生变化，所以我们看到的月球形状就在不停变化。

在满月时，地球上的观测者可以看到完整的月球亮面；在新月时，月球的亮面背对着地球上的观测者。**月相（phase）**是指地球上特定时间看到的月球的外观或形状。月相取决于月球相对于地球和太阳的位置。所有月相都出现一遍大约需要29.5天。

从太空中看

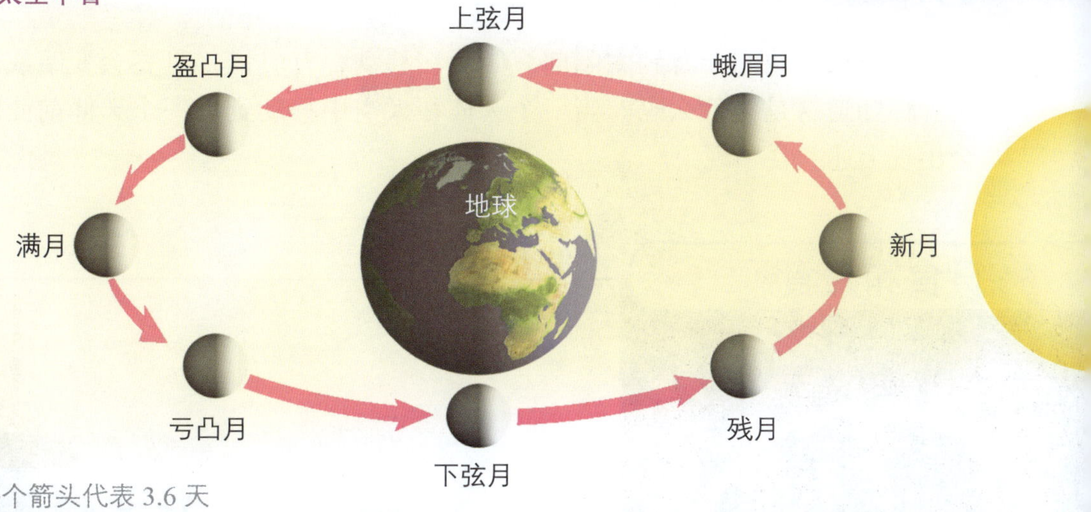

每个箭头代表 3.6 天

从地球上看

快速检测

排序 从满月开始，一个月内的月相有哪些?

批判性思维 月相盈亏过程中，具体是怎么变化的?

真相 **月相变化是月球绕地球公转导致的。**

为什么会出现日食和月食?

有时候，我们会看到太阳前有黑影在移动；有时候，月亮会变暗或改变颜色。你知道这是为什么吗？当一个天体在太空中移动到另一个天体前面时，就会出现上述“食”现象。

日食和月食

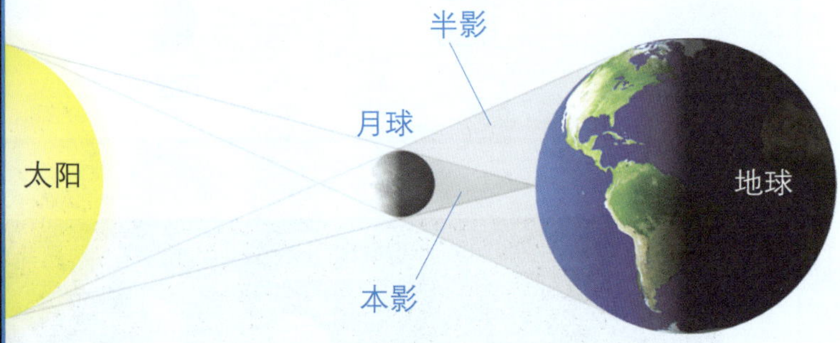

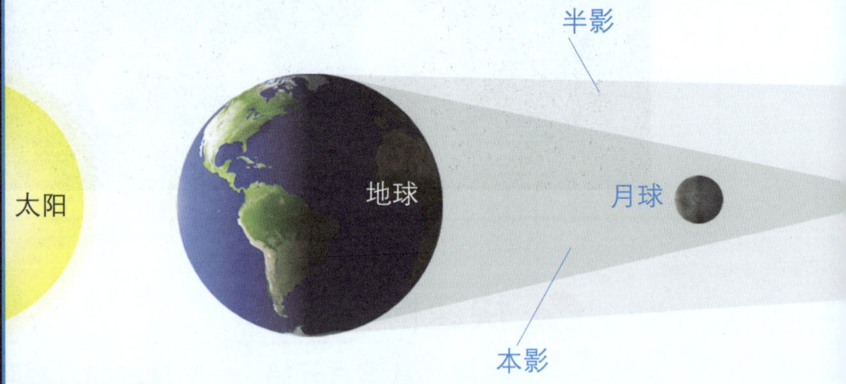

读图

月食或者日食发生时，月球在什么位置?

线索　从日食图和月食图中找到答案。

当月球位于地球和太阳之间时，就会发生**日食（solar eclipse）**。日食发生时，月球会在地球上投下阴影。地球上的人们会看到黑暗侵蚀了太阳。日食只发生在新月期间。

当月球转动到地球的阴影区，太阳光直射不到月球时，会发生**月食（lunar eclipse）**。月食发生在地球位于太阳和月亮之间的时候，所以月食只会发生在满月期间。

满月和新月每个月出现一次，但月食发生的频率却很低。这是为什么呢？因为月球围绕地球和太阳之间一条假想的线上下移动。由于轨道的角度差异，月球恰好位于地球和太阳之间的情况就比较少见。

再来看看地球、太阳和月球在月食和日食时的排列方式。在这两种情况下，都有一个阳光完全被阻挡住的阴影区，这个区域叫作**本影**。在本影周围，有一个阳光没有被完全阻挡的阴影区，这个区域叫作**半影**。

在发生日食时，月球位于地球和太阳之间，月球的阴影分成了本影区和半影区。如果你正处在地球上的本影区，你会发现阴影遮住了整个太阳表面，这个现象叫作**日全食**；如果你处在半影区，你会发现阴影覆盖了部分太阳表面，这个现象叫作**日偏食**。

月食同样有月全食和月偏食。此时，地球位于太阳与月球之间，地球的阴影也分成本影区和半影区。在月食期间，月亮看起来可能是红色的。这是因为阳光被地球大气层折射后只有红光照在月球上。

迷你实验

日食和月食

1. **建立模型** 请你用一个排球表示地球，一个同学用台灯表示太阳，另一个同学用网球表示月亮。

2. 请你面对着拿台灯的同学，请拿着网球的同学模拟月球一个月内绕地球公转一周。
3. 月球、太阳和地球处于什么位置时，会出现日食或月食？

快速检测

排序 日食时，太阳、月球和地球的位置是什么样的？

批判性思维 在月食期间，如果你站在月球表面，会看到什么？

潮汐是由什么引起的?

地球和月球之间的引力作用以及地球和太阳之间的引力作用会使地球的表面出现凸起。在地球坚硬的岩石表面，很难观察到这个现象。但是，在海洋和其他大型水体中，我们就可以直观地观察到这种现象了。这种引力作用导致的现象叫作**潮汐（tide）**，也就是海平面的涨落现象。

引力的作用会导致地球面向月球一侧的海水聚集，同样的聚集也发生在地球背向月球的一侧，这两个地方出现高潮，在两个高潮地区中间则出现低潮。随着地球的自转，这些高涨的海水就会跨越整个海洋。大多数海洋每天都有两次涨潮和两次退潮。

每月差不多有两次，分别在新月和满月期间，太阳和月亮会排成一条直线，这时两者对地球的引力会朝同一个方向，这就引起了更高的高潮和更低的低潮，这个现象叫作**大潮**。有时，也会出现高潮比平时更低，而低潮却比平时更高的现象，叫作**小潮**。小潮发生在上弦月和下弦月期间，这时，太阳对地球的引力方向与月球对地球的引力方向相反，两者的引力相互抵消。

一个月内的潮汐变化

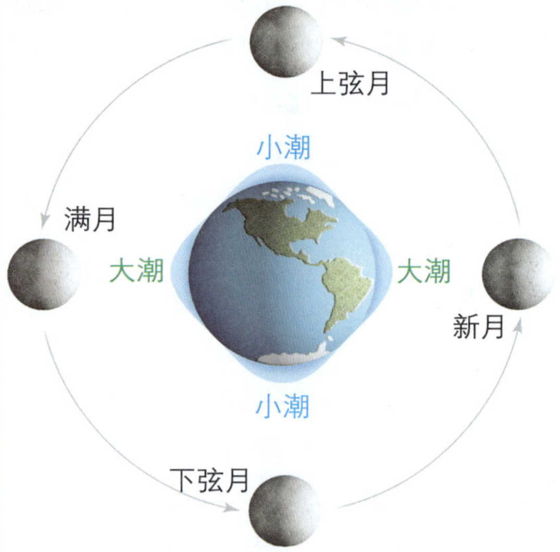

读图

哪种月相时，会出现大潮?

线索 当太阳对地球的引力与月球对地球的引力方向一致时，会出现大潮。

快速检测

排序 小潮时，太阳、月球和地球的位置是怎么样的?

批判性思维 什么原因导致每月两次的大潮和小潮?

课后回顾

摘要

在地球上，一个月内能观察到8种月相。

食现象是由于太空中某个天体挡住太阳、行星或月球，使其变暗或隐藏的现象。

地球上的潮汐是由月球的引力作用和太阳的引力作用共同导致的。

制作 折叠式学习卡

如图所示，制作一个折叠式学习卡，根据图中的标题，总结你本课所学的相关知识。

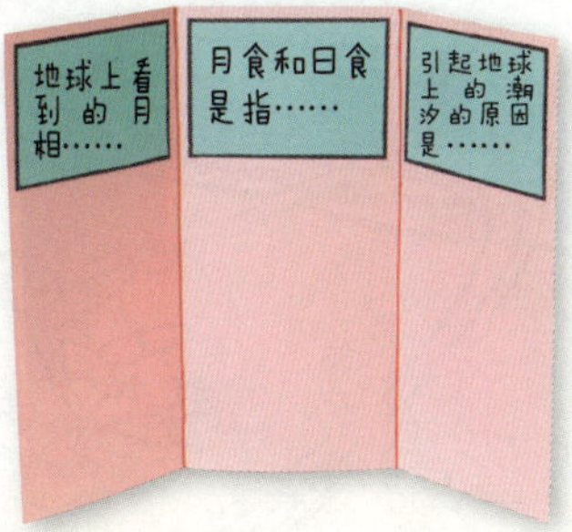

想一想，说一说，写一写

1 **词汇** 在__________期间，月球转过了地球的阴影区。

2 **排序** 从新月开始，画出之后的月相。

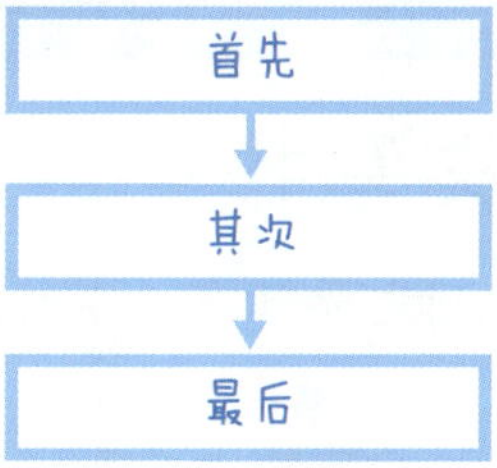

3 **批判性思维** 宇航员在月球上如何生存？

4 **测试** 当月球完全处于本影区时的月食现象是什么？

A 日全食　　B 月偏食

C 月全食　　D 日偏食

5 **测试** 下列哪对月相是相反的？

A 新月和满月

B 蛾眉月和上弦月

C 满月和亏凸月

D 盈凸月和下弦月

6 **基本问题** 月球绕地球旋转时会发生什么？

数学链接

地球和月球的直径

地球的直径是12760千米，月球的直径是3475千米。把这两个距离单位换算成英里和英尺时是多少？（提示：1千米约0.62英里，1英里约5280英尺）

社会链接

月球的颜色

“蓝月亮只出现一次”，这句话通常是指很少发生的事。查找资料，研究“蓝月亮”是指什么，并解释这句话为什么这么说。

如果引力消失，会发生什么？

说明文写作

优秀的说明文要具有以下特点：

- ▶用事实和论据说明主题。
- ▶以一种有组织、有逻辑的方式来叙述事情的发展过程。
- ▶时间顺序词汇可以将事情描述得更清楚。

如果房间里失去了引力，我会做些什么呢？首先，我要把家具绑在地板上，防止它们四处飘浮。然后，我会收集所有的小玩具，把它们放在一个盒子里，这样我就能找到它们了。最后，我会在房间里连续翻筋斗，在天花板上走路。

写作

说明文写作 引力让地球上的物体不会飘浮在空中。看看这幅图，如果引力突然消失，图中会发生什么变化。

物体在其他行星上的重量

小数乘法

- 用整数乘法法则相乘。
- 计算每个乘数的小数位数。
- 把所有的小数位数加起来。
- 把小数点向左移动总的小数位数。

物体的重量是指物体在其所处天体上受到的重力大小，所以物体的重量取决于它本身的质量及其所在星球的引力。物体在其他行星上的重量与它在地球上的重量不同。力的单位是牛顿（N）。1 牛顿相当于在地球上拉起 0.1 千克物体需要的力。不同行星的引力大小相差很多，如水星的引力要比地球小得多而木星的引力则比地球大得多。你可以根据图中八大行星的引力的相对大小，计算出物体在不同行星上的重量。

处理数据

1. “勇气号”火星探测车在地球上重约 1700 N。那么在火星上，它的重量是多少？
2. 一名宇航员在地球上重 910 N，那么他在金星上的重量是多少？
3. 如果一条狗在地球上重 290 N，那么它在其他行星上的重量分别是多少？

第3课

太阳系

看一看，想一想

你在这张图中看到了几个天体？图中有月球、金星，还有在它们右上角的那颗隐隐可见的火星。你知道这些天体距离地球有多远吗？

探究活动

行星之间相隔多远？

实验目的

构建一个表示行星位置的模型，用天文单位（AU）来表示行星之间的距离，1 AU等于地球到太阳的平均距离，约1.49591 × 10^8千米。

实验材料

1. 假设一格纸巾的长度为 1 AU，根据表中的信息，计算出太阳到海王星之间的距离需要用多少格纸巾来表示。
2. **建立模型** 在纸巾的一端标出太阳的位置，然后根据表中每颗行星到太阳的距离，在纸巾上画出八大行星。

得出结论

3. **解释数据** 比较水星和火星之间的距离，水星和木星之间的距离，木星和海王星之间的距离，哪两颗行星相距最远？
4. **推理** 仔细研究太阳系中行星之间的距离，你得出了什么结论？

进一步探究

在上述模型中，所有的行星都排列在一条直线上。如果要反映某个特定时间的行星位置，你该如何设计这个模型呢？将你的设计思路和操作步骤记录下来，让其他同学也可以根据你的设计做出这个模型。

材 料

- 卷纸
- 直尺
- 胶带
- 马克笔

步骤 1

行星与太阳的距离

行星	距离（AU）
水星	0.4
金星	0.7
地球	1
火星	1.5
木星	5.2
土星	9.5
天王星	19.2
海王星	30

读一读，学一学

基本问题

太阳系的组成部分有哪些？

词汇

望远镜

行星

卫星

人造卫星

彗星

小行星

流星

阅读技能

推理

线索	已知信息	推理信息

如何观察太空中的天体？

在1610年1月7日之前，人们只能用眼睛直接观察夜空。而那一天，一位名叫伽利略的意大利天文学家第一次用望远镜观察了天空。**望远镜（telescope）**是一种能使遥远物体看起来更大、更近的仪器。

光学望远镜

伽利略使用的是光学望远镜，它通过透镜收集可见光来观察物体。伽利略在观测中发现，木星有四颗卫星。在当时的那个年代，大多数人都认为，太阳系中所有天体都围绕着地球旋转。

通过光学望远镜，能让暗淡的物体，如恒星，看起来更亮。它还可以让观察对象看起来更大，这样人们可以观察到更多的细节。透镜的直径越大，它能聚集的光也就越多，行星看起来就会更大。今天的光学望远镜上装备了倍数比伽利略的望远镜大很多的透镜和反光镜。现代光学望远镜能把行星图像放得更大，也能让我们看得更远。

但是，地球上的观测者并不是使用光学望远镜就一定能获得清晰的图像。这是因为地球上的大气层会阻碍人们观察天空。地球的大气层有不同的密度，当来自遥远恒星的光穿过大气层时，大气密度的变化会让恒星的光闪烁不定、模糊不清。

◀这个巨大的球状星团是通过光学望远镜看到的。

太空望远镜

1990 年，**哈勃太空望远镜**被送入了大气层以外绕地球运行的轨道中。通过哈勃太空望远镜，人们看到了距离地球亿万千米之外的天体。2008 年，哈勃太空望远镜拍摄了第一张太阳系外行星环绕恒星运行的照片。

在太空放置望远镜可以让科学家绕过地球大气层直接看到太空。哈勃太空望远镜和其他太空望远镜不仅可以接收更多来自太空天体的可见光，它们还可以探测到恒星发出的热量。

◀ 这是哈勃太空望远镜拍到的星云。

射电望远镜

在地球上，我们还用另外一种望远镜观测太空，它就是射电望远镜。射电望远镜能收集从太空天体发出的无线电波信号。它通过雷达收集并记录无线电波，然后电脑将这些数据转换成图像。无线电波可以不受干扰地穿过地球大气层。

快速检测

推理 为什么放入太空中的是光学望远镜而不是射电望远镜？

批判性思维 伽利略关于木星及其卫星的发现，会对“所有天体绕着地球旋转”这个说法造成什么影响？

这张不规则星系的图像是由射电望远镜拍摄的。▶

什么是行星?

太阳系由太阳这颗恒星和围绕其旋转的其他天体组成。在太阳系中，有八颗围绕着太阳运转的行星。**行星（planet）**是绕着恒星旋转的巨大天体。

按照离太阳由近到远的排列顺序，这八颗行星分别是水星、金星、地球、火星、木星、土星、天王星和海王星。这些行星围绕太阳运行的轨道都是近似圆形的椭圆。

内行星是离太阳较近的行星，也称为类地行星，因为它们的表面也是由岩石组成的。内行星有水星、金星、地球和火星。**外行星**的表面由气体组成，外行星包括木星、土星、天王星和海王星。

冥王星曾被列为第九大行星。但是，冥王星狭长的轨道和小巧的体积都与其他行星大不相同。这些差异引起了科学界的争论：冥王星是否应该归为行星?

2006 年 8 月，国际天文学联合会正式将冥王星重新归为矮行星。其他矮行星有谷神星，它位于小行星带；还有一颗矮行星叫厄里斯，它的体积比冥王星还要大，但是它离太阳更遥远。

快速检测

推理　为什么谷神星和厄里斯被归为矮行星?

批判性思维　太阳系中还有哪些天体?

行星数据

行星	赤道半径（km）	表面平均温度（℃）	表面质地	是否有行星环
水星	2440	179	岩石	无
金星	6052	482	岩石	无
地球	6378	15	岩石	无
火星	3397	−63	岩石	无
木星	71492	−121	气体	有
土星	60268	−125	气体	有
天王星	25559	−193	气体	有
海王星	24746	−193～−153	气体	有

读图

哪颗行星表面的温度最高？

线索 在表面平均温度一列找到最高值。

怎样比较行星？

每颗行星都有自己独特的一面，了解这些特点，你就可以更清楚地分辨不同行星的表面和大气组成和地球上的有什么区别。

木星大红斑

从地球上看，木星上有一个巨大的风暴，科学家把它叫作木星大红斑。这个风暴已经持续了 400 多年。它的风速可达 435 千米 / 时。这个风暴的直径长达 24800 千米，几乎是地球直径的 2 倍。科学家认为，木星大气中的硫和磷结合让这个风暴出现了我们看到的颜色。

土星环

土星环最早是由伽利略在 1610 年观测到的。这个环由冰块和岩石等碎片组成。这些碎片有的像小沙粒一样小，有的像一幢房子那么大。科学家认为，土星环可能是彗星、小行星和卫星解体后的碎片，这些天体在土星附近解体后，进入了土星轨道。

直到 1977 年，科学家还认为太阳系中只有土星有行星环。但是，科学家后来又观测到了围绕着木星、天王星和海王星的微弱行星环。

金星表面

从金星表面可以明显地看出，这里曾有过剧烈的火山活动。金星上有和地球上类似的盾形火山和复合火山。在金星表面还可以看到长长的熔岩河。

火星上的岩石

这些黑色巨石是火星上发现的火山岩碎片。这些岩石看起来和地球上熔岩流附近的岩石很相似。但是在地球上，这类岩石只有在有水的情况下才会形成。

迷你实验

比较行星的大小

1. **处理数据** 根据比例尺 1∶2×10^{8}，算出每颗行星画在图上的直径。

2. **制作模型** 用尺子和剪刀，在硬纸板上剪出代表不同行星的圆片，然后给每颗行星贴上标签。
3. 将行星按离太阳由近到远的顺序排列。
4. 比较一下，内行星和外行星的大小如何？哪颗行星的大小与地球最接近？

快速检测

推理 金星上有火山这一事实，对金星内部结构的认识有什么影响？

批判性思维 木星上的风是怎么形成的？

太阳系中不同的卫星

怎样比较卫星？

太空中围绕一颗行星旋转的天体就叫作这颗行星的**卫星（moon）**。通常说的卫星是指天然卫星。不同的行星有不同数量和大小的卫星。

内行星的卫星比外行星少。水星和金星没有卫星。地球有一颗卫星，火星有两颗卫星。

木星有 60 多颗卫星，是太阳系中卫星数量最多的行星。土星有超过 45 颗卫星。天文学家已经发现了至少 27 颗围绕天王星运行的卫星，13 颗围绕海王星运行的卫星。随着更先进的望远镜和太空探测器陆续面世，科学家会继续发现更多的卫星。

还有一种卫星叫作人造卫星。人类会向太空发射人造天体，让它们绕着地球或其他行星运转，这些人造天体就叫作**人造卫星（artificial satellites）**，包括气象卫星和通信卫星，以及环绕行星运行的、用来观察行星表面的太空探测器。

太阳系中的卫星大小各不相同。有些卫星直径只有几千米。木星的木卫三（盖尼米得）是太阳系最大的卫星，它的直径甚至比冥王星和水星都大。地球的卫星（月球）也比冥王星大，人们不用望远镜就能看见它，此外人们不用望远镜就能直接看见的卫星就只有木卫三了。

读图

这些卫星有多大？

线索 注意比例尺。

环形山的形成

太空中，有时会发生小型天体与大型天体相撞的事件。这类撞击通常会造成大型天体的表面出现一个坑，或者一个碗状的洞，这种就叫作环形山。许多卫星上都有这样的环形山，环形山的大小不一，这是因为撞击卫星的天体大小不同，撞击速度也不同。

在月球这颗地球的卫星上，天体的撞击会把月球表面的物质砸开，这样表层以下的岩石就会暴露出来。撞碎的物质堆积在撞击坑的周围，这就使得月球上的环形山与众不同，我们在地球上就能观察到这些环形山。

木卫三的表面由冰和岩石组成，其表面黑色的岩石大约有 40 亿年的历史了，而浅色的岩石则相对年轻一些。在这两种岩石表面都能看到环形山。这意味着，天体撞击木卫三至少有 40 亿年之久了。与月球上的环形山不同，木卫三的环形山是平的，这可能是因为木卫三表面的冰体流动磨平了环形山的边缘。

火卫二（戴摩斯）是火星较小的一颗卫星。它由富碳岩和冰组成。火卫二的表面也有一些环形山，其中部分已经被岩石碎屑填满了。

快速检测

推理 卫星和人造卫星有什么区别？

批判性思维 宇宙中的天体与地球相遇时，会发生什么？

什么是小行星、彗星和流星？

太空中还有许多不同类型的天体，包括彗星、小行星和流星等。

彗星

彗星（comet）是由冻结的气体、冰、尘埃和岩石组成的，以椭圆形轨道围绕太阳转动的天体。有科学家认为，彗星是大约46亿年前太阳系形成时遗留下来的物质组成的。

当彗星离太阳较远时，彗星中的气体和冰就会冻结。当彗星向太阳移动时，它的**彗核**温度升高。彗核中的一些冰和尘埃会形成云或**彗发**。彗核和彗发一起构成了彗星的头部。

当彗星靠近太阳时，太阳的热量使得彗发变得越来越大，一部分彗发逐渐远离彗核，形成一条发光的彗尾。彗尾可长达上百万千米，有时还会出现两条，一条由冰组成，另一条由气体组成。

太阳的热量向四面八方辐射出去，当彗星绕着太阳转动时，彗星的头部总是离太阳最近，而彗尾则拖在后面。无论彗星在其轨道的什么位置，彗尾总是在远离太阳的方向。

彗星绕着太阳旋转，但它们绕太阳公转需要的时间各不相同。哈雷彗星是第一颗被预测出周期的彗星。哈雷彗星每 76 年接近地球一次，最近一次在 1986 年，那么它下一次接近地球的时间应该是在 2061 年。

彗尾由冰和气体组成。

狮子座流星雨发生在 11 月中旬。

小行星

小行星（asteroid）是一种围绕太阳旋转的，主要由岩石组成的小型天体。太阳系有数千颗小行星，其中大部分都位于火星和木星之间的小行星带。许多小行星形状不规则，看起来像土豆一样。有些小行星的最大直径小于2千米，而有的则可以长达800千米！

艾达是一颗坑坑洼洼、形状不规则的小行星。

流星

太阳系中还有许多其他的小天体，太空中的这些天体我们称之为**流星体**。如果一个小天体与地球相遇，且进入了地球的大气层，我们就叫它**流星（meteor）**。大多数流星在穿越地球大气层时被燃烧殆尽，如果有流星的残余部分落到了地面上，我们就叫它**陨星**。

快速检测

推理 科学家通过分析彗星的组成，可以推断出太阳系形成时存在哪些物质？

批判性思维 画出彗星绕太阳旋转时的形态。

我们怎样探索太阳系?

人类对其他星球的探索始于1959年，这一年，苏联的科学家将一枚搭载了科学仪器的火箭成功发射到月球。从那时起，人类开始源源不断地将太空探测器送入各大行星轨道，还有一些太空探测器成功着陆行星。**太空探测器**是一种搭载了太空探测仪器的设备。

第一个造访行星的太空探测器于1965年成功着陆金星。1969年，美国将第一批宇航员送上了月球。宇航员是指乘坐宇宙飞船或者航天飞机探索太空的人，月球是目前为止，除地球以外唯一有宇航员成功登陆的星球。

2004年，两辆小型机器人探测车登陆火星，它们是“勇气号”和“机遇号”。这两辆火星探测车在火星表面行驶，拍摄了火星土壤和岩石的照片。探测器上搭载的仪器还检测到了火星表面曾存在液态水的证据。我们大家都知道，液态水是维持生命所必需的物质。

美国国家航空航天局（NASA）计划利用探测车收集火星土壤并带回地球。他们还计划用飞机和气球来研究火星上的大气。

太空探测器还可以观测彗星和小行星。2006年1月，NASA发射的“新地平线号”太空探测器于2015年飞掠冥王星。这个太空探测器用于探测冥王星的表面、地质和大气情况。2007年9月发射的“黎明号”则是第一个探索小行星带的太空探测器，主要任务是探测谷神星和灶神星这两颗较大的小行星。

快速检测

推理 从火星上曾存在液态水这个发现，可以推断出什么信息?

批判性思维 请你设计一艘能搭载宇航员上月球的宇宙飞船。

火星车探索火星表面的模拟图。

课后回顾

摘要

	太阳系由太阳、行星及其卫星、小行星、流星和彗星等组成。
	太阳系中的行星和卫星的大小和表面各不相同。
	太空探测器被人类送入太空，用来搜集有关太阳系的信息。

制作 **折叠式学习卡**

如图所示，制作一个折叠式学习卡，并根据图中的标题总结你本课所学到的相关知识。

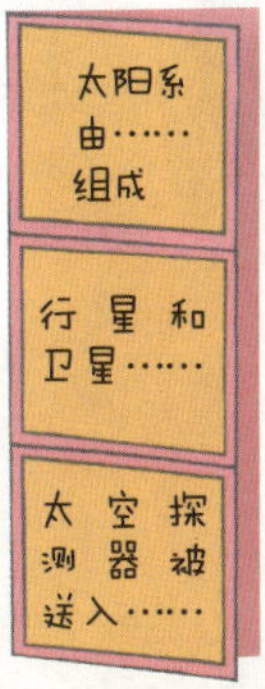

想一想，说一说，写一写

1. **词汇**　绕太阳运转的，由冻结的气体、冰、尘埃和岩石组成的天体叫作________。

2. **推理**　已知一个进入金星的探测器在几个小时后被烧毁了，你能从中推断出关于金星大气压的哪些信息？

线索	已知信息	推理信息

3. **批判性思维**　为什么科学家能不断发现太阳系之外的天体？

4. **测试**　太阳系中最大的行星是哪颗？
   A 地球　　B 火星
   C 土星　　D 木星

5. **测试**　太空探测器最早着陆的是哪颗行星？
   A 水星　　B 金星
   C 木星　　D 火星

6. **基本问题**　太阳系的组成部分有哪些？

写作链接

科幻小说

读乔治•威尔斯的《世界大战》，写一篇关于这部小说的读书笔记。和同学讨论：这个故事中有哪些真实内容，有哪些虚构内容？

艺术连接

行星表面

查找资料，研究某颗内行星的行星表面，然后将其表面可能的形态画出来。

“旅行者号”的发现

1977年，NASA发布了“旅行者号”太空探测任务，这项任务的目的是探索木星、土星、天王星、海王星和它们的卫星。每一次的发射任务都必须有一个非常精准的计划，飞船速度和距离都必须经过精确计算，而且两艘“旅行者号”宇宙飞船必须足够靠近每颗行星，这样才能更好地收集行星数据，并能从该行星的引力中获得推力，以便到达下一个目的地。但同时，宇宙飞船还必须和这些行星保持一定距离，这样才不会进入绕它们运转的轨道。NASA精心设计的计划都奏效了。“旅行者号”圆满完成了探测任务，为科学家提供了新的太空探测方法，还拍到了这几颗距离地球最远行星的近景。

木星—1979

木星也有行星环。在木卫一上曾观测到火山活动。木卫二的冰层底下可能有一片海洋。

土星—1980

科学家仔细观察过土星环，它看起来像辐条或辫子。

天王星—1986

科学家在天王星周围发现了许多暗环，他们还发现了 10 颗新的卫星。“旅行者号”传回了关于这颗行星及其卫星、暗环的详细图像和数据。

海王星—1989

在这个星球上可以看到大型风暴，其中一个风暴就是著名的海王星大黑斑。科学家认为，海王星上温度太低了，从理论上说不应该出现这样的天气。

在观测完这些行星之后，“旅行者号”宇宙飞船继续飞行。它们是最早飞出日球层的人造天体。日球层是太阳能量能到达的最远边界。现在，“旅行者号”宇宙飞船远远超过了太阳系最遥远行星所在的位置。

因果关系

- 找到事件发生的原因。
- 一个原因会导致一种结果。

写作

因果关系

1. 为什么“旅行者号”宇宙飞船能从一颗行星飞到下一颗行星？
2. 科学家从“旅行者号”太空探测任务中获得了哪些信息？

AMERICAN MUSEUM OF NATURAL HISTORY

第4课

恒星和宇宙

看一看，想一想

从地球上看太空，你会看到图中这种星云。为什么夜空中有些星星比其他星星更亮一些呢？

探究活动

距离对星星的亮度有什么影响?

做出假设

如果一颗星星比另一颗星星发出更多的光,但在观察者看来,它们的亮度却相同,这是不是意味着这两颗星星与观察者之间的距离不一样?把你的答案以“如果一颗星星比另一颗星星发出更多的光,但在观察者看来,它们的亮度却相同,这意味着……”的形式写下来。

材料

- 两个手电筒
- 纸巾
- 橡皮筋
- 胶带
- 米尺

实验步骤

1. 在其中一个手电筒前盖上几张纸巾,用橡皮筋把纸巾绑在手电筒的灯罩前。
2. **建立模型** 每个手电筒代表一颗星星。在地板上贴一条胶带,让两个同学站在胶带后面,打开手里的手电筒。
3. 看一看哪个手电筒的光看起来更亮,让这位同学拿着手电筒慢慢后退。当这位同学退到什么位置时,这两个手电筒看起来亮度相同?测量这段距离。

步骤 2

得出结论

4. **推理** 哪些因素影响星星在观察者眼中的亮度?
5. **交流** 观察星星时,如果你站在不同的地方,观察到的星星亮度相同吗?这对单颗星体的观测意味着什么呢?

进一步探究

根据“两颗星星发出的光相同,但一颗星星看起来更暗”这个现象,提出你自己的假设,并建立模型来检验你的假设,收集数据,交流结论。

读一读，学一学

基本问题

恒星有什么特征以及它们是怎么形成的？

词汇

恒星　星云
白矮星　超新星
黑洞　星座
光年　星系

阅读技能

问题和解决方案

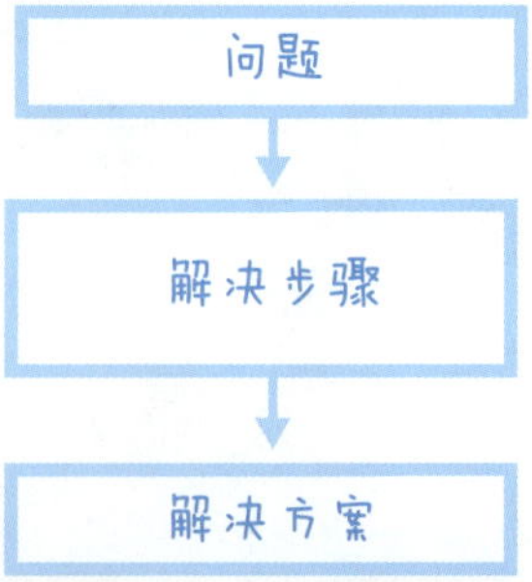

恒星是怎么形成的？

当物质聚集并开始释放能量时，恒星就形成了。恒星（star）是一种自身能以光和热的形式向外辐射能量的天体。恒星有一个从生长到消亡的周期。不同种类的恒星，其周期也是不同的。恒星的周期取决于恒星内氢的含量。当恒星停止释放能量时，它的生命周期也就结束了。

所有的恒星都是由星云演变而成的。星云（nebula）是由气体和尘埃组成的巨大云团。引力将大量的星云聚集到一起，星云中主要为氢原子，当氢原子相互靠近时，会发生碰撞。

这些碰撞产生了大量的热，星云的温度迅速上升。当温度高于 1×10^7℃时，氢原子开始结合，形成了氦原子。这个过程也会释放大量的光和热，星云变成了**原恒星**，或者说新恒星。

中等恒星的周期

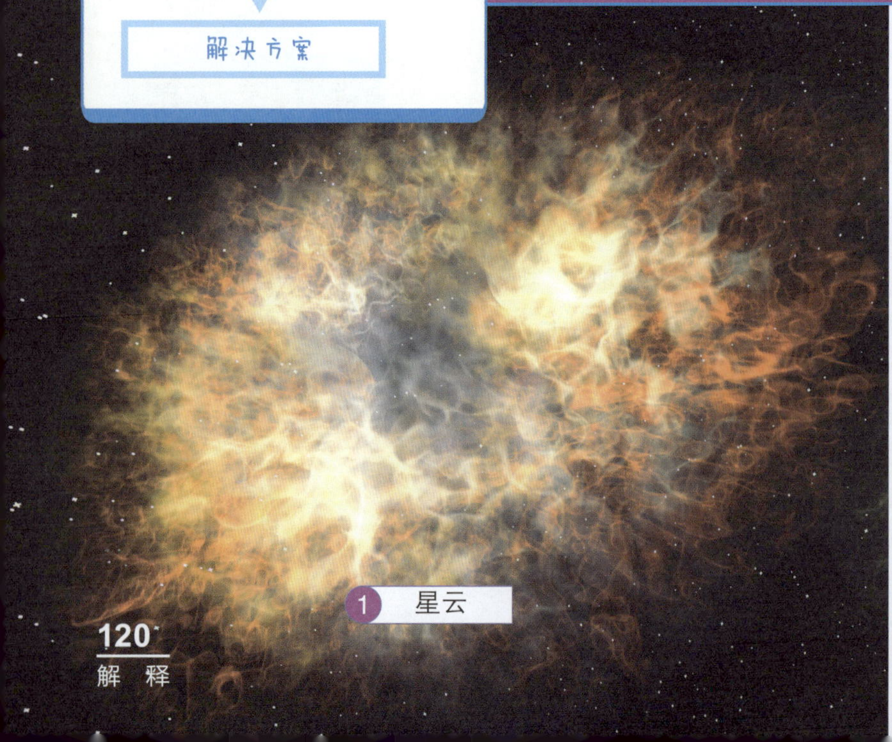

1 星云

2 原恒星

太阳和其他恒星一样，都是从中等数量的氢开始形成的。氢是太阳能的来源。在过去的几十亿年里，氢原子持续结合，形成氦原子，产生的热量也使得恒星的温度持续升高。

最终，热量迫使恒星边缘的氢向太空膨胀。当膨胀的氢离恒星中心越来越远时，它就会冷却，变成红色。

在这个阶段，这颗恒星已经变成了一颗红巨星。红巨星比恒星大许多倍。在恒星的内核，温度已经上升到约1×10^{8}℃。氦原子开始结合，形成碳原子。

当所有的氦消耗殆尽，没有氦原子继续结合成碳原子后，这颗恒星开始冷却、收缩，最终变成一颗白矮星。**白矮星（white dwarf）**是一颗体积很小，但密度很大的恒星，会发出温度较低的白光。恒星发展到白矮星阶段时，就意味着这颗中等大小恒星的生命周期已经结束。

这类恒星的整个生命周期需要大约100亿年。太阳已有约50亿年的历史，它的生命周期只剩下了一半。

快速检测

问题和解决方案 你能根据哪些信息确定一颗恒星所处的周期？

批判性思维 比较原恒星和白矮星。

3 恒星

4 红巨星

5 白矮星

大恒星会发生什么?

有一类恒星比太阳这类恒星有更多的氢原子，它们的生命周期就与太阳不一样。成为红巨星后，这些恒星的内核温度高达到6×10^{8}℃。在这样的温度下，它们内部的原子会结合成铁原子。

最终，致密的铁原子内核无法承受恒星的重量，恒星就会爆炸。爆炸的恒星称为**超新星（supernova）**。超新星可能亮了几天，几周，甚至几个月，然后就消失了。消失的超新星又形成新的星云。

如果恒星的质量足够大，就可能会以黑洞的形式结束它的周期。**黑洞（black hole）**是一种密度、引力极大，任何物体，包括光都无法从中逃离的天体。

恒星具有大小、颜色和温度等特征。太阳是一颗中型黄色的恒星，其表面温度约6000℃。巨星的直径是太阳的10～100倍。超级巨星的直径可能是太阳的1000倍。中子星是最小的恒星。

恒星的颜色和表面温度

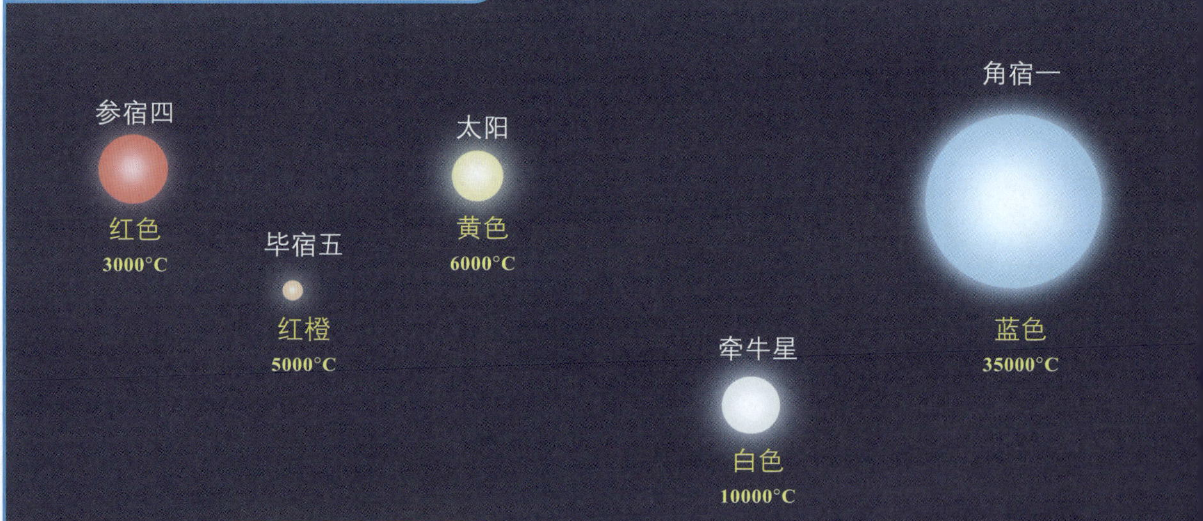

读图

恒星的表面温度与它的颜色有什么关系?

线索　根据恒星的温度和颜色寻找规律。

太阳系远处的模拟图。

遥远的恒星周围也有行星，但是它们太暗、太小，也太远了，我们即使用望远镜也看不见它们。那人类是怎么发现这些行星的呢？我们已经学过，任何物体之间都存在引力。当科学家观测到一颗运动不平稳的恒星时，他们就可以推断出这颗恒星旁边可能存在着另一种引力源。

通过测定恒星的运动，天文学家可以计算出可能存在的行星的质量和位置。利用这种方法，天文学家已经发现了太阳系以外的160多颗行星。

这些遥远的行星多半是气态巨行星。但是，科学家称，他们可能发现了一颗绕着红矮星运转的岩质行星。他们通过计算，得出这颗行星的质量是地球的5倍，与恒星之间的距离是地球与太阳距离的3倍，表面温度大约是−220℃。

天文学家发现这颗行星的过程很有意思，他们分析这颗恒星亮度变化的数据时，发现恒星表面有一颗行星经过，于是找到了这颗新行星。

快速检测

问题和解决方案 科学家是怎么发现遥远恒星周围那些看不见的行星的？

批判性思维 大型恒星的生命周期结束时，会出现什么？

什么是星座？

古人仰望夜空，把满天的星星组成了各种图案。这些图案通常是以简笔画的形式把一个星座中比较显眼的恒星连接起来后组成的。**星座（constellation）**由一个区域里的星星组成，连接这一区域里的亮星，可以组成各种不同的图案或形状。例如，大熊星座里的北斗七星和小熊星座里的小北斗七星。星座通常以动物、神话故事中的人物或人们熟悉的物体命名。

星座和星座中能连成图案的亮星对旅行者来说有非常重要的意义。例如，如果你能在夜空中看到北斗七星或小北斗七星，你就能沿着它们的连线找到北极星。如果你沿着北极星的方向行进，你就是一直在向北移动。所以当迷路的时候，你可以在夜空中寻找北极星，它会帮助你找到正确的方向。

古希腊人把天空分成12个区域，他们喜欢用希腊神话中的人物命名星座，例如，以猎人奥瑞恩命名的猎户座和以英雄赫拉克勒斯命名的武仙座。

寻找北极星

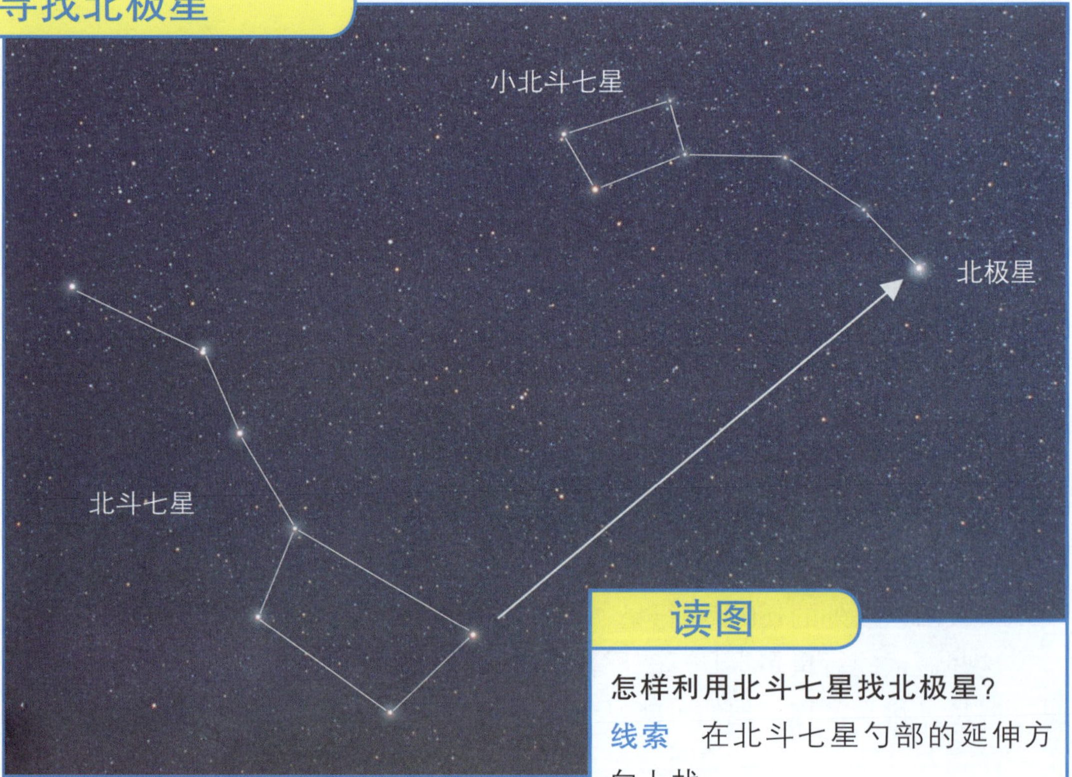

读图

怎样利用北斗七星找北极星？

线索　在北斗七星勺部的延伸方向上找。

古代中国人把天空划分为四大区域，每个区域的名称包括一种颜色、一种动物和一个方向，例如，西部这片区域就叫作西方白虎。

今天，天文学家把天空划分成88个星座。许多古老的星座名沿用至今。南半球可见的星座后来才被天文学家正式命名，因为这些星座古希腊人和古罗马人是没有办法看到的。

恒星间的距离

同一个星座中的恒星彼此相距有多远？除太阳外，离地球最近的恒星是比邻星，它大约在地球的400000亿千米之外。因为恒星离地球实在太远，再用千米为单位来表示就太不方便了。

为了简化书写，天文学家使用了叫作光年的长度单位。**光年（light-year）**是指光在一年内能传播的距离，1光年约95000亿千米。以光年为单位，比邻星与地球之间的距离就可以表示为4.2光年。

古希腊星座图

快速检测

问题和解决方案 在旅行中，怎么才能用星星指示方向？

批判性思维 如果让你给星座命名，你会用哪些动物、人物或物体的名称？

星系的种类

NGC 1300
棒旋星系

M 81
旋涡星系

ESO 510-G13
旋涡星系的侧视图

M 32
鸡蛋形的椭圆星系

NGC 1427A
不规则星系

NGC 7673
不规则星系

什么是星系?

如果用望远镜观察夜空，你可以看到一颗颗的恒星和太阳系中的一些行星。如果你再仔细观察，还会看到一些模糊不清的光斑，这些就是星系。**星系（galaxy）**是由恒星、气体和尘埃组成的大型天体系统。

宇宙中可能有多达1000亿个星系。每个星系中都有数十亿颗恒星，星系的大小和形状各异。天文学家根据星系的形状将其分为三类：旋涡星系、椭圆星系和不规则星系。

旋涡星系的形状像一个有着许多旋臂的风车。整个星系看起来是在一个平面上的，中间有一个凸起。

一些旋涡星系的中心又长又密，看起来像一根棒子。这种星系叫作**棒旋星系**。这种星系的旋臂从横贯星系中心的一排恒星中伸展开来。

太阳系就位于一个叫作**银河系**的棒旋星系的旋臂上。你在夜空中看到的星星只是银河系的一部分，银河系中有超过2000亿颗恒星。

椭圆星系是椭球形的，它们的形状看起来像一颗鸡蛋或一个厚厚的煎饼，这类星系没有旋臂。

不规则星系没有显著的形状。它们看起来可能像云团，也可能像斑点，这种不规则的形状可能是与其他星系碰撞造成的。

星团

星系中还有一些恒星是以星团的形式存在的。这些恒星同时形成，并在引力作用下相互绕转。换句话说，它们在引力作用下组成了一组。

星团中的恒星数量少则几百颗，多的可达100多万颗。**球状星团**中的恒星密集，形状呈球形，而**疏散星团**中的恒星则不像球状星团中的恒星那样紧密地聚集在一起。

双星

有时，当你用望远镜对准天空中的一个光点观察时，你会发现这其实是两颗恒星而不是一颗。这种情况通常是因为两颗恒星形成时彼此距离较近。这两颗恒星因引力作用而相互束缚，并围绕一个共同的点运转。这种恒星系统叫作**双星**。

科学家能通过检测单颗恒星的亮度变化来判断双星。这种亮度变化发生在双星系统中的两颗恒星相互遮挡时，当一颗恒星从它的伴星和地球上的观测者之间穿过时，这个双星系统发出的光就会变暗。

快速检测

问题和解决方案 设计一种不使用望远镜就能判定双星的方法。你会怎么做?

批判性思维 除了形状外，你还可以根据什么对星系进行分类?

宇宙是怎么形成的?

宇宙包括一切形式的物质和能量,小到原子,大到恒星周期结束时的大爆炸,这些都属于宇宙的一部分。科学家认为,宇宙开始于一个小而致密、蕴含物质和能量的热点,而后这个热点迅速膨胀,发展成现在的宇宙,这就是**大爆炸理论**给出的结论。虽然从名字上能看出宇宙一直在扩张,但大爆炸并不是指现有宇宙在爆炸,它是指大爆炸创造了宇宙。根据大爆炸理论,宇宙仍在膨胀和冷却。

天文学家已经找到了支持大爆炸理论的证据。研究表明,整个宇宙的星系都在相互远离。还有证据表明,大爆炸发生在137亿年前。

快速检测

问题和解决方案 为什么能从宇宙膨胀的方向来判断宇宙始于一个热点呢?

批判性思维 宇宙和太阳,哪个更古老?

迷你实验

宇宙大爆炸

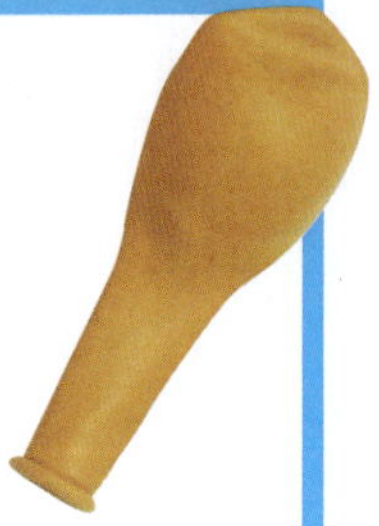

1. **建立模型** 将气球稍微吹一点起来。这个气球就表示大爆炸后不久的宇宙。在气球上贴上贴纸,这些贴纸就表示宇宙中的星系。
2. **观察** 把气球吹满一半,贴纸的大小有什么变化?贴纸之间的距离又有什么变化?
3. **观察** 把气球吹满,贴纸的大小和贴纸之间的距离各会发生什么变化?

大爆炸理论认为,宇宙中所有的物质和空间都是由一个小而致密的热点膨胀后产生的。

课后回顾

摘要

	恒星本身能发光、发热。
	古人将夜空划分成不同的星座。
	太阳是银河系众多恒星之一。

制作 折叠式学习卡

如图所示，制作一个折叠式学习卡，并根据图中的标题总结你在本课所学到的知识。

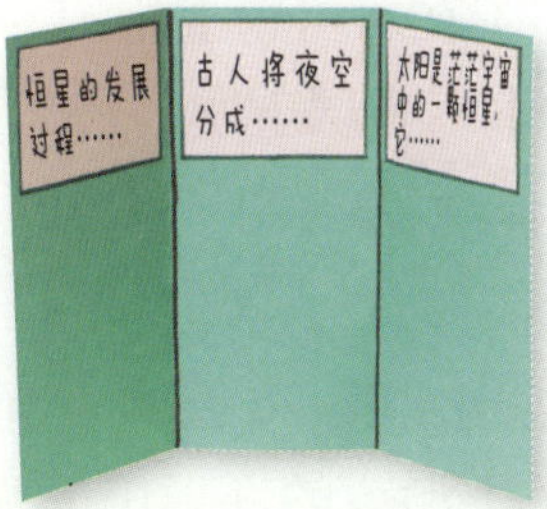

想一想，说一说，写一写

1. **词汇** 所有物体，包括光也无法从中逃离的致密天体是__________。
2. **问题和解决方案** 如何判断恒星处于哪个阶段？

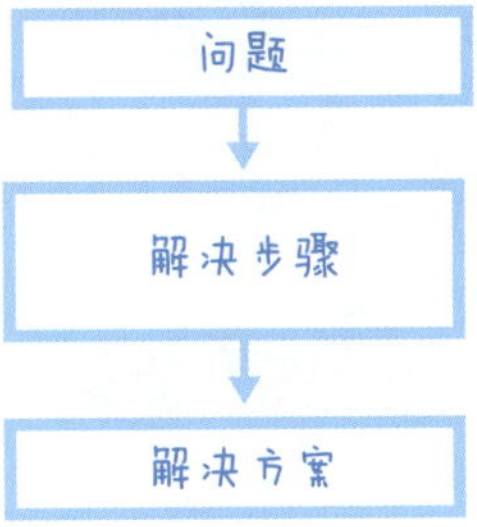

3. **批判性思维** 某颗恒星以白矮星的形式结束了它的周期，你觉得它的质量是怎样的？
4. **测试** 下列哪种可能是超新星？
   A 一颗小型恒星
   B 一颗大型恒星
   C 一颗正在爆炸的恒星
   D 一团星云
5. **测试** 北斗七星和猎户座是两个什么的名称？
   A 星系　　B 行星
   C 恒星　　D 星座
6. **基本问题** 恒星有什么特征以及它们是怎样形成的？

写作链接

探索星系

埃德温·鲍威尔·哈勃是发现河外星系的一名美国天文学家。研究并撰写一篇有关哈勃定律的短文，并解释哈勃定律与大爆炸理论的关系。

社会链接

超新星

查找资料，研究在过去一千年中观测到的超新星，选择一颗并描述最后一次看到该超新星时的情况。

科学探究

材　料

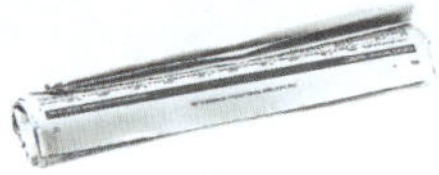
报纸

锡盘

可可粉

直尺

塑料勺子

面粉

橡皮筋

3 颗大小不一的弹珠

结构化探究

环形山是怎么形成的?

做出假设

我们已经学过，当太空中的一个天体与另一个天体相撞时，会形成环形山。发生撞击的天体大小会影响环形山的大小吗?把你的假设以“如果被更大的天体击中，那么……”的形式写下来。

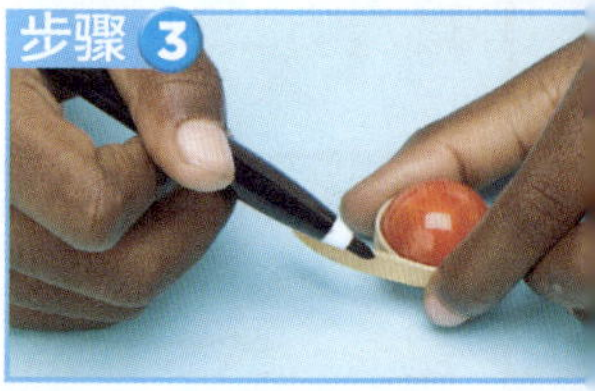

验证假设

1. 将报纸铺在地板上，并在报纸上放一个锡盘。
2. **建立模型**　在锡盘中放入约 1 厘米深的可可粉，轻轻拍打盘子，使盘子里的可可粉铺得更平整。用勺子在可可粉上均匀地撒上面粉，面粉表示表层土壤。
3. 用橡皮筋将每颗弹珠圈一圈，测量三颗弹珠各自的周长。
4. 将最大的弹珠从盘子上方 20 厘米处释放，测量这颗弹珠在盘中形成的环形山的直径，并记录下你的数据。
5. 用另外两颗弹珠重复步骤 4。实验过程中要确保每颗弹珠落在盘中的不同区域。

得出结论

6. **处理数据** 用测得的环形山的直径乘以 3.14，计算出每个环形山的周长。
7. 比较环形山和对应弹珠的周长。
8. 你在环形山周围看到了什么？为什么会这样？
9. 这个模型与天体撞击月球表面的情况有什么相似之处？
10. 这个实验里哪些是被控制的变量？自变量和因变量各是什么？

这个环形山是天体撞击后形成的。

指导性探究

撞击高度对环形山的大小有什么影响？

做出假设

从前面的实验中，我们知道了不同大小的天体会撞击形成不同规模的环形山。但是，当你把大小相同的弹珠从不同高度释放时，又会发生什么情况呢？把你的假设以“如果一个物体从更高的高度落下，那么撞击形成的……”的形式写下来。

验证假设

设计实验来检验你的假设。写出你需要的材料和实验步骤，记录观察到的现象和实验结果。

得出结论

你设计的实验中，自变量和因变量分别是什么？这个实验能支持你的假设吗？

开放式探究

星球表面的质地对环形山的形成有什么影响？提出一个问题，然后设计一个实验来解答你的问题。在实验中，你只能测定一个变量。请仔细写下你的实验过程，以便其他同学能重复你的实验。

谨记 遵守科学探究的步骤。

提出问题
↓
做出假设
↓
验证假设
↓
得出结论

第2章 复习和测试

摘要

第 1 课 地球在引力和惯性的共同作用下沿着轨道绕太阳旋转。

第 2 课 月球是地球的卫星。

第 3 课 太阳系由太阳、八大行星及其卫星、彗星、小行星及流星体组成。

第 4 课 恒星组成了太阳系、银河系之类的天体系统。

制作 折叠式学习卡

把每节课后的折叠式学习卡放在一起，并用它来复习你本章所学的相关知识。

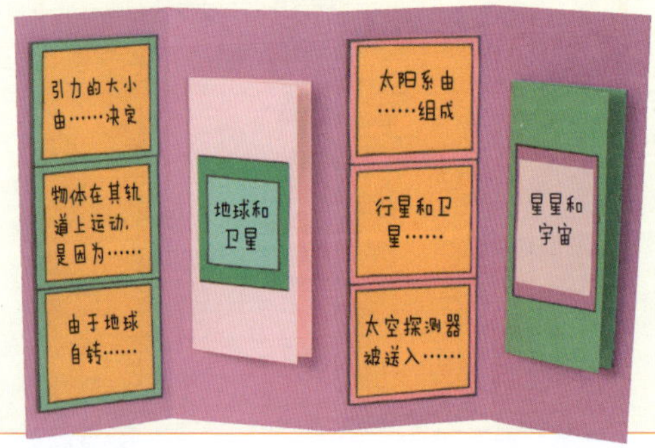

词 汇

DOK 1

选择下列词汇填空，每个词汇限用一次。

小行星	轨道
星系	行星
月食	自转
卫星	公转
星云	潮汐

1. 引力和惯性使得地球沿着它的________绕太阳运转。
2. 当月球运动到地球的阴影中时，出现了________。
3. 绕着恒星旋转的大型天体叫作________。
4. 由气体和尘埃组成的巨大云团叫作________。
5. 地球每 24 小时绕着地轴完成一次________。
6. 围绕太阳旋转的，主要由岩石组成的小型天体叫作________。
7. 由数亿恒星组成的巨大的天体集合叫作________。
8. 海水的升高和降低叫作________。
9. 地球________一圈需要 365 天。
10. 围绕行星旋转的自然天体叫作________。

科学技能和科学概念

DOK 2～3

请回答下列问题。

11. 下列哪组选项是根据恒星数量由少到多排列的？

A 星系　双星　星团

B 星系　星团　双星

C 双星　星系　星团

D 双星　星团　星系

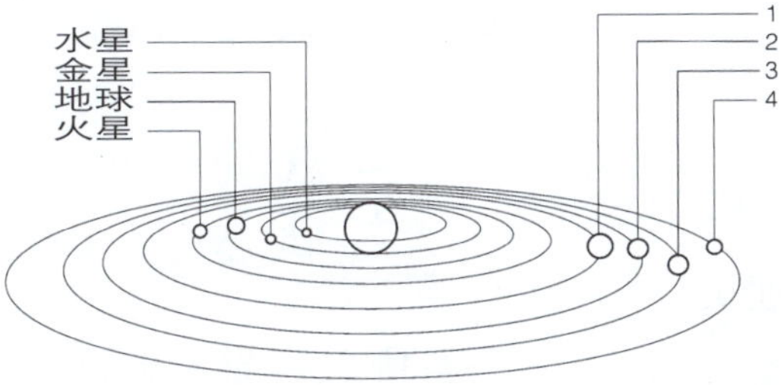

12. 上面这张太阳系图中，哪个数字表示土星？

A 1　B 2　C 3　D 4

13. 如果月球现在开始变暗，那么接下来几晚，月相会怎样变化？

A 暗的区域会变小

B 亮的区域会变小

C 亮的区域会移动到顶部

D 亮的区域会变大

14. **判断正误**　*太阳永远不会停止发光。* 这种说法正确吗？请解释你的答案。

15. **推理**　宇宙、星系、太阳系、恒星和行星之间有什么关系？地球、月球和太阳在这个关系图中分别处于什么位置？

16. **事实和观点**　解释四季的成因。

17. **处理数据**　中国的农历是依据月相的变化周期（朔望月）为月的长度，月份分大月和小月，大月 30 天，小月 29 天。请计算农历年与阳历年的差异，并说说为什么农历年份中有时会出现 13 个月（闰月）。

18. **批判性思维**　你用望远镜观察到一颗白色的、密度很大的恒星，它是哪种类型的恒星？它的年龄比太阳大还是小？

19. **说明文写作**　下列两张图中分别是哪颗行星？请说明你的判断依据。

大概念

20. 太空中有什么？

表现性评价

DOK 4

关于月亮的歌曲

1. 收集一首关于月亮的歌曲，然后写下它的歌词。
2. 摘抄歌曲中关于月亮的描述，分辨它们是事实还是观点。

分析结论

▶ 为什么有这么多关于月亮的歌曲？为什么月亮常常被人们误解？

测 试

1 下图是从太空中看到的地球。图中的南半球是什么季节？
DOK 2

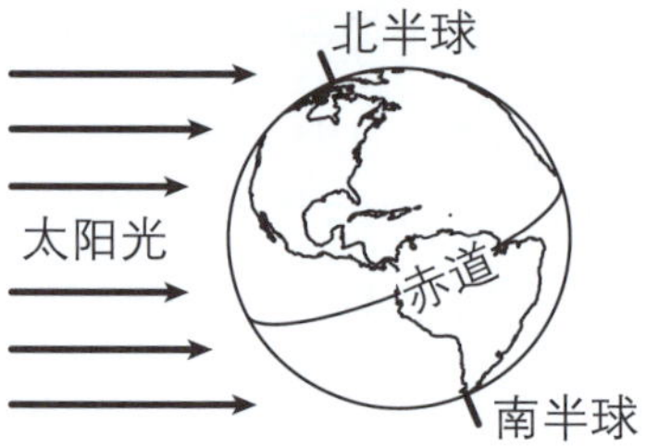

A 春季　　B 夏季
C 秋季　　D 冬季

2 由于月球上的引力比地球上小，如果你在月球上称重，会出现什么现象？
DOK 2

A 质量比在地球上大。
B 质量比在地球上小。
C 重量比在地球上大。
D 重量比在地球上小。

3 看下图，回答问题。

月食时，月球的位置在哪里？
DOK 1

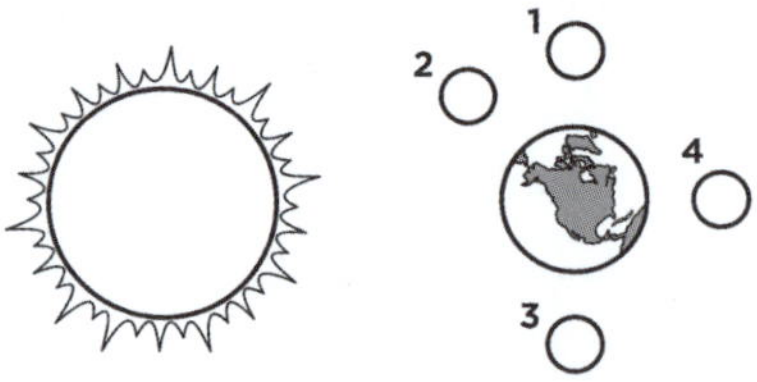

A 1　　B 3
C 2　　D 4

4 什么原因导致行星绕着太阳旋转？
DOK 1

A 引力和惯性　　B 光能
C 气压　　D 温度和压力

5 为什么火星和地球一样有季节交替？
DOK 2

A 火星和地球的运行速度相同。
B 火星和地球的大小相同。
C 火星与太阳的距离和地球与太阳的距离相同。
D 火星和地球一样倾斜着。

6 下列哪颗行星是外行星？
DOK 1

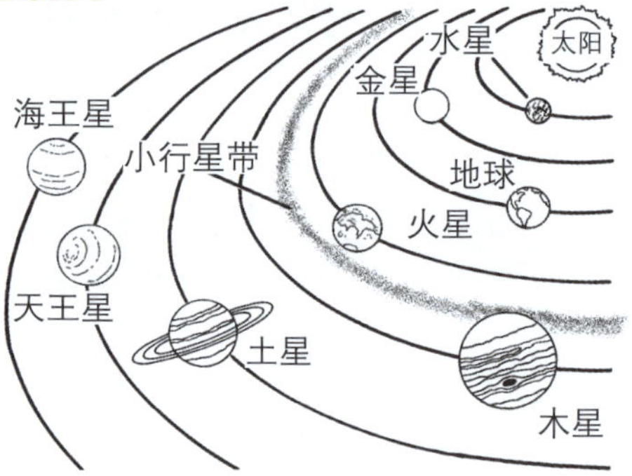

A 土星　　B 水星
C 金星　　D 地球

7 什么时候流星体会变成流星？
DOK 1

A 与一个天体相撞。
B 进入小行星带。
C 靠近太阳后，温度升高。
D 进入地球大气层。

8 下表统计了4颗行星的信息。

行星	自转的时间	公转的时间
水星	58 天 19 小时	88 天
金星	243 天 16 小时	224 天 17 小时
地球	23 小时 56 分钟	365 天 6 小时
海王星	19 小时 6 分钟	60190 天

根据表中信息，你能得出什么结论？
DOK 2

A 离太阳越远，行星越大。

B 海王星的公转轨道比表中其他行星都长。

C 水星没有卫星。

D 离太阳越远，行星上温度越高。

9 **外行星有哪些共同的特点？**
DOK 1

A 体型大，温度热。

B 体型大，气体星球。

C 没有卫星。

D 温度高，岩石星球。

10 **中型恒星变成红巨星后，它开始冷却并形成了什么？**
DOK 1

A 黑洞

B 白矮星

C 原恒星

D 超新星

11 这两张图反映了什么？解释月相变化的原因。
DOK 2

12 下图是土星。列举3点土星与地球的差异。为什么地球更适宜生物生存？
DOK 2

13 引力作用导致了地球上的潮汐。大潮和小潮有什么区别？这种区别是什么原因导致的？
DOK 2

检 查

问题	对应页码	问题	对应页码
1	86 ~ 87	8	86 ~ 88
2	84	9	106 ~ 107
3	96 ~ 97	10	121
4	85	11	94 ~ 95
5	86 ~ 87	12	106 ~ 108,110
6	106 ~ 107	13	98
7	113		

天气观察员

▲天气观察员

俗话说，如果你不喜欢现在的天气，等着吧，它迟早会变的。人们怎么知道天气接下来会变成什么样呢？如果你对此有兴趣，你可以考虑做一名天气观察员。作为一名天气观察员，你要收集相关的气象数据。你要学会使用测量温度、湿度和气压的仪器，还要学会分析雷达和卫星图片。气象学家可以根据天气观察员收集的气象信息来进行天气预报。

▲天文学家

天文学家

你对寻找遥远的恒星及其行星，或观察太阳系感兴趣吗？天文学家研究恒星，了解宇宙中的各种星体。作为一名天文学家，你要利用望远镜和人造卫星收集关于其他类似太阳系的天体数据，然后还要解释这些数据，找出这些恒星和行星的组成及它们的年龄。要成为一名天文学家，你要学好数学和物理，有较强的计算机技能，并获得天文学博士学位。在那之后，你可能会感叹，只有天空才是极限！

图书在版编目（CIP）数据

科学启蒙 : 第二版. 天气和太空. ⑤ / （美）杰伊·哈克特等著 ; 张俊等译. -- 杭州 : 浙江教育出版社, 2020.4（2021.4重印）
ISBN 978-7-5722-0075-5

Ⅰ. ①科… Ⅱ. ①杰… ②张… Ⅲ. ①科学知识一少年读物②天气一少年读物③宇宙一少年读物 Ⅳ. ①Z228.1②P44-49③P159-49

中国版本图书馆CIP数据核字（2020）第045724号

科学启蒙（第二版）
KEXUE QIMENG (DI ER BAN)
天气和太空⑤
TIANQI HE TAIKONG 5

出版发行　浙江教育出版社（杭州市天目山路40号　电话：0571-85170300-80928）
原 著 名　SCIENCE A CLOSER LOOK
WEATHER AND SPACE
本册翻译　张　俊　邓小耶　陈娅玲
审　　定　郝京华
图片来源　海洛创意
责任编辑　杨　艳
封面设计　韩　波
责任校对　杜功元
责任印务　沈久凌

图文制作　杭州兴邦电子印务有限公司
印　　刷　杭州富春印务有限公司
开　　本　787mm×960mm　1/16
印　　张　9.25
字　　数　231 000
版　　次　2020年4月第1版
印　　次　2021年4月第3次印刷
标准书号　ISBN 978-7-5722-0075-5
审 图 号　GS(2020)591号
定　　价　33.00元